성경말씀 속에서 인생을 찾는 것보다
값지고 귀한 일은 없습니다.
깊이 드리며, 축복합니다.

이요나 목사 동성애 탈출 에세이
한국 최초 트랜스젠더 바 열애클럽 代父

리愛마마
동성애탈출

이요나 지음

목 차

헌정의 글
프롤로그 5월의 고통
　　　　　동성애와 나

제1부 사춘기
17　꽃뱀의 공포
19　5월의 꽃뱀
21　아! 하나님
24　꽃뱀의 숨소리
26　허기진 자아
28　이론과 실습
30　만석꾼 아들
33　어린 촉감, 동성애
35　아버지, 어머니 사랑 방법

제2부 청춘시절
41　음녀들의 춤사위
44　빗나간 청년의 꿈
47　군대 안의 정사(情事)
49　동성애 암수동체인가?

제3부 욕망과 절망의 시대
53　이화랑(花郎) 의상실
56　산사(山寺)의 정사(情事)
59　어머니의 죽음
62　영혼의 통곡
64　어머니는 없었다
66　결혼의 고통

제4부 열애클럽
- 71　최초의 트랜스젠더바
- 74　아! 예수 그 이름
- 79　예수쟁이 동성애자
- 81　'리애(李愛)마마'
- 86　하나님의 나침반
- 90　진노의 잔

제5부 부르심
- 95　신주쿠의 천사
- 97　조용기 목사 예언
- 101　동경 호라이즌 채플

제6부 43살, 7월 4일생
- 107　무너짐.
- 115　신비의 체험
- 120　요나의 출발
- 123　경건생활의 신비

제7부 성령세례
- 129　성령은사의 체험
- 131　예언과 조다윗 목사
- 135　방언통역과 교회문제
- 138　더 좋은 은사의 발견
- 140　갈보리 채플과의 만남

제8부 첫사랑 연가
145　첫사랑의 소식
148　가루이자와 연정
150　사랑을 배우다
153　현해탄 사랑
156　실연의 고통

제9부 광야생활
161　첫 열매의 고통
163　좌절의 시간
165　카페교회의 시작
168　샤샤의 탈출
171　크리스천 웨딩사역
174　깊은 늪과 수렁
176　영적 침체
178　천사의 시중
181　다시스로 떠나는 요나
184　하나님의 책망

제10부 그들은 모두 주가 필요해
189　게이와 트랜스젠더
193　마귀가 할퀴고 간 흔적
197　김마리네의 회복
200　막차로 떠난 소영이
202　보카치오 마마의 회심
204　이태원을 향한 꿈

제11부 탈동성애 사역
- 209 탈반시티
- 212 홀리 라이프 사역
- 216 동성애 사슬
- 220 죄로부터 커밍아웃
- 221 동성애 상담 시스템

제12부 동성애 영적전쟁
- 225 용서하지 마소서!
- 228 퀴어들의 반란
- 231 트위터 설전
- 234 누가 나의 친구인가?

제13부 회복자 증언
- 241 천상의 마력(魔力)
- 243 무익한 육체의 훈련
- 245 허접한 쓰레기들
- 247 내적 치유의 모순
- 250 오직 한 길
- 253 성경적 경건 훈련
- 255 하나님의 자원
- 257 의인의 생활
- 259 새 사람의 길

에필로그
- 265 칠십을 향한 소망
- 269 사랑하는 아들들에게
- 272 요나의 기도
- 275 소 잃고 외양간 고치지 말았으면..

헌정의 글

이 책은 필자의 과거를 '셀프인터뷰(Self-Interview)' 형식으로 과거를 시간대별로 엮은 간증수기로서 탈동성애 지향자들과 그 가족들에게 용기와 위로와 소망을 주기 위해 증정본으로 발행되었던 것을 '탈동성애기독운동'(Ex-gay Christian Movement) 사역의 일환으로 출판하게 되었다.

선교대국인 한국에서의 탈동성애 사역은 어쩌면 늦은 감이 있지만, 탈동성애 운동에 앞장섰던 미국이 실패한 시점에서 한국교회의 역할은 주님 오시는 날까지 마지막 버팀목이 아닌가 생각한다.

오늘 부끄러움을 무릅쓰고 어렵게 이 책을 펴내는 목적은 이 땅에 고통 받는 수많은 동성애자들의 억울한 삶을 고발하려는 것이 아니다. 나의 절실한 바람은 연약한 아벨의 숨소리처럼 흐느끼는 '리애마마'의 애통함이 그들의 아픈 상처를 만져주고, 리애마마 인생 속에 나타나신 하나님의 긍휼하신 사랑과 우리 주 예수 그리스도의 은혜와 인내하심이 그들에게도 전이되는 것이다.

이제 나는 애통하는 리애마마의 심정으로 남은 인생을 동성애치유사역에 헌신코자 다짐한다. 지금까지 동성애 치유상담에 헌신한 '홀리라이프'는 탈동성애운동의 세계화 일환으로 국제탈동성애연맹을 구축하고 동성애치유상담학교를 설립하여 성경적 치유상담사를 양성하여 동성애자 영혼 구원에 앞장설 것이다.

더욱 감사하는 것은 지금까지 홀리라이프 사역을 위해 권면과 위로와 책망을 아끼지 않으셨던 박영률 목사님, 이수영 목사님, 최홍준 목사님, 그리고 '홀리라이프' 시작부터 나와 함께 탈동성애운동에 헌신해 준 동역자 김규호 목사님, 임경호 목사님, 송연수 목사님, 한성규 장로님의 수고와 헌신이다. 그분들께도 그리스도의 영광이 함께 하시기를 기도한다.

또한, 오늘 이 책이 나오기까지 수고해주신 출판사 키네마인 손영선 대표와 표지 사진을 제공해 주신 월간사모와 쾌히 추천사를 써주신 소강석 목사님을 비롯하여 김은호 목사님, 이영훈 목사님, 안용운 목사님, 이승구 교수님, 하다니엘 목사님 그리고 동성애 관련 단체의 동역자님께 진심으로 감사드린다.

더불어 과거 나의 패역한 행실로 인해서 어머니의 죽음을 목도했음에도 나를 배척하지 않고 그리스도의 형제로서 끝까지 보살펴 준 동생 이희찬 장로와 누님 이경자 권사님께 위로와 감사의 마음을 전하며, 부족한 종을 목자로 삼고 중보해 주신 갈보리 채플 성도님들과 오직 성경적 변화를 통해서 그리스도의 형상과 모양을 회복하고자 변화의 길로 헌신하는 사랑하는 나의 제자들과 그 가족들에게도 동일한 은혜를 베풀어 주실 것을 믿어 의심치 않는다.

우리 주 하나님과 그 아들 예수 그리스도의 긍휼하신 은혜와 사랑이 거룩한 삶을 살고자 하는 모든 이에게 세세토록 함께 하시기를 기원한다.

예수 그리스도의 종 이요나

/ 프롤로그 /

5월의 고통

어버이날, 카네이션만 보아도 가슴이 터진다.
어린이날, 아들의 손잡고 소풍 가는 모습을 보며 피를 토하는 어버이들에게 5월은 너무 잔인한 달이다.

5월만 되면 머리를 하늘에 두고 잠들지 못하는 사람들이 있다. 동성애로 어머니를 죽게 한 아들에게 동성애는 지옥이다. 목사의 과격한 설교로 자살한 아들을 둔 어버이에게 교회는 지옥이다.

동성애가 더러운 것은 하늘도 알고 부모도 알고 동성애자도 알고 귀신도 안다. 그러나 이유도 없이 더러운 색을 입고 살아야 하는 사람들에게는 숨 쉬는 것만으로도 고통일 수 있다.

예수의 교회는 용서와 사랑이 핵심이다. 그리고 복음의 진리는 길이요 생명이 되어야 한다. 어떤 상황에서도 사람을 죽이는 것은 예수가 아니다. 죽어 주는 것이 예수다. 그러니 더 이상 동성애 담론을 갖고 다투지 말고 더 참아주고 더 기다려 주었으면 한다.

그동안 나는 1,200여 명 정도의 크리스천 동성애자들을 상담해왔다. 놀라운 것은 그들 중 38%가 모태신앙으로 태어난 아이들이고, 그 중에 17%가 목회자 가정에서 태어났다. 또한, 내가 만난 청년 중에는 독실한 부모 밑에서 부족함 없는 사랑을 받고 성장했음에도 동성애자가 된 형제도 있었다. 따라서 동성애자의 원인을 뭐라고 정의할 수는 없다. 날아가는 새가 싼 똥이 하필이면 내 머리에 떨어졌느냐고 말하는 것이 더 합리적일 것 같다.

나를 돌이켜 보건데 동성애는 내가 철도 들기 전부터 혈관 속을 흐르는 어떤 존재와 같았다. 키 크고 잘생긴 남자가 좋았고, 남자의 허벅지를 보는 것만으로도 가슴이 뛰었다. 사춘기가 되면서 남자를 향한 설렘은 진한 욕정으로 더해갔고, 어쩌다 그 욕정이 채워지는 순간이면 심장이 녹아내리는 짜릿한 경련이 내 영혼을 불살라 버렸다. 그 욕정 속에서 나는 완전한 동성애자가 되어 있었다. 세상을 알지도 못하던 천진난만한 소년기에 말이다.

그럼에도 오늘 나는 동성애는 타고난 것이 아니며 창조자의 섭리를 이탈한 가증한 죄로써 죽어서도 쉼을 얻지 못할 악한 영들의 저주임을 고백한다. 설령 백 번 양보해 어떤 이들의 주장처럼 선천적이라

하더라도 동성애는 견딜 수 없는 인간 모독이며, 또 스스로 감당할 수 없는 인격적 굴욕이다.

올해는 서울의 심장 서울광장에서 펼쳐진 동성애자들의 광란의 퀴어 축제(Korea Queer Festival)가 국제적인 규모로 개최되었다. 동성애자들의 축제가 제16회라는 데서 일천만 성도를 자랑하는 선교대국 대한민국 교회의 위상이 무색해진다. 해마다 진화해온 저들의 축제는 세계 각국의 동성애자들이 초청된 가운데 미국 대사관을 비롯하여 유엔연합, 프랑스 대사관 등과 구글을 비롯한 다수의 국제기업이 참여한 가운데 1만 명 규모로 치러졌다. 갈수록 지능적으로 진화하는 동성애자들의 축제를 물끄러미 바라봐야만 하는 나는 더욱 죄인 된 느낌이다.

저들의 동성애문화축제의 백미는 퀴어 퍼레이드다. 이미 우리는 서울의 심장 서울광장에서 펼쳐진 동성애자들의 광란의 퍼포먼스를 두 눈을 뜬 채 지켜보아야 했다. 저들은 감히 부부의 침실에서도 입기에 민망한 팬티 차림으로 귀신의 영들을 불러 모으는 난폭한 괴성을 지르며 신들린 자들처럼 카퍼레이드를 펼쳤다. 더러운 영들의 광란의 질주였다.

그런데 정작 우리를 놀라게 한 것은 저들의 광란의 횡포를 보고 있는 국민들의 반응이다. 마치 유명 연예인들의 축제를 보듯이 손뼉을 치며 즐기는 모습은 무너져 내린 이 나라 국민의 도덕적 민도를 보는 듯하여 가슴이 무너져 내린다. 도덕과 윤리를 뽐내던 우리나라가 어쩌다 이 지경에까지 이른 것인지, 복음을 맡은 목회자로서 이 시대를 사는 것이 죄인 된 기분이다.

동성애와 나

살아있다는 것은 실로 아름다운 일이다. 살아있기에 숨을 쉴 수 있고, 생각할 수 있으며 또 소망을 가질 수 있으며 돌이킬 수 있다. 살아있기에 인간은 그 소유된 생명의 틀 속에서 하루를 펼치고, 또 접으며, 시작과 끝을 알 수 없는 인생을 달려가고 있다. 이것이 인생의 매력일지도 모른다.

모든 사람은 누구에게나 가슴에 묻어 둔 인생의 이야기를 가지고 있다. 그것들은 어떤 모습을 하고 있든지 간에 자기의 인격을 대변하는 무형의 분신들이다. 또한, 그것들은 자기 투쟁의 현장이면서도 결코 스스로 쥘 수 없는 칼자루이다. 이처럼 인생은 스스로 거부할 수 없는 벽장 속에서 숨을 쉬고 있다.

만약 사람이 자기의 인생을 자기 지혜로 연출해 나갈 수 있다면 실패한 인생은 없을 것이다. 그러나 아이러니하게도 자신의 의지대로 쓰지 못하는 인생의 일기장은 결국 그 영혼의 판결문이 되어 그 육체를 마감하는 날까지 보전된다.

그러나 그때는 돌이킬 수 없는 유한의 시간과 무한의 공백이 교차되는 분기점이다. 불행하게도 많은 인생들이 육체의 호흡이 정지된 그 시점에서야 자기 영혼에 은밀히 개입된 가증한 얼굴을 발견하게 된다. 한 치도 더 연장할 수 없는 무기력의 분기점에 이르러서야 자기 일기장에 개입한 영들의 배후가 있었다는 사실을 깨닫게 된다.

사람의 과거는 영원히 지워지지 않는 흔적이지만, 그 인생을 함께 만들어간 어떤 형상을 선택한 것은 자신이었기에 그 책임은 결국 자기에게 있다. 그러나 만약 사람이 호흡이 있는 동안에 그의 영혼이 권고를 받을 수 있었다면 그는 참으로 행복한 사람이다. 그날에 그는 자기인생에 관여한 더러운 영들의 사슬을 능히 풀 수 있는 권능자의 이름을 발견하였을 것이기 때문이다.

그날에는 수치로 가득한 인생의 너절한 일기장은 피의 구속을 받아 더 없이 하얀 빛을 발하게 될 것이다. 그날로부터 그의 인생은 더 이상 수고를 하지 않아도 된다. 그의 일기장은 사람의 손으로 쓰지 않은 생명의 이야기들로 가득하게 기록될 것이기 때문이다. 그 아름다운 생명의 매력 속에서 당신의 영혼은 영생의 쉼을 얻게 될 것이다.

'동성애', 이 단어는 기억조차 하고 싶지 않은 말임에도 불구하고 내 인생에서 지워버릴 수 없는 삶의 흔적이다. 동성애라는 단어를 보는 것만으로도 난도질당한 기억 곳곳에서 피고름을 쏟아낸다.

누구든지 이 사슬에 얽히면 스스로 그 멍에를 끊고 나올 장사가 없다. 이 육체의 족쇄는 자극의 원리를 상실한 채, 머리와 꼬리가 뒤엉켜버려 풀어질 수 없는 수억의 뱀 더미와도 같다. 또한, 이들은 브레이크 끊어진 고속열차의 굉음 같아서 죄의 수(數)가 차기까지는 결코 세미한 음성을 듣지 못한다.

그러나 나의 주인은 내가 지음을 받던 날부터 내 혼이 죄를 거절하지 못할 때에도 묵묵히 나를 목도하며, 내 혼이 죄의 역사를 미워할 때까지 인내하고 계셨다.

이로써 나는 그의 사랑이 태초부터 나를 향하고 있었음을 믿는다. 그의 충만한 사랑이 나의 연약한 호흡들을 한 가닥씩 세며 은혜 위에 은혜를 더하셨던 것이다. 이는 그의 자비가 태초로부터 예정된 언약 속에서 나의 인생을 섭리하고 있었던 것을 증명한다.

그러므로 나는 그의 긍휼하신 인내가 진실하고 온전한 사랑인 것을 믿으며, 나 또한 남은 호흡을 그의 위대한 사랑을 위해 인내의 세월을 쌓고자 한다. 부디 이 부족한 사람의 삶의 증언이 주 예수 그리스도의 은혜가 갈급한 모든 영혼들 위에 베풀어지기를 기원한다.

논현동 Cafe 팜 트리(Palm Tree)에서
이요나 목사

제1부

사춘기

꽃뱀의 공포
5월의 꽃뱀
아 — 하나님, 꽃뱀의 숨소리
허기진 자아
이론과 실습
만석꾼 아들
어린 촉감, 동성애
아버지, 어머니 사랑 방법

― 성정체성의 확립을 위한 필독서 ―

많은 추천서를 써왔지만 전권을 단숨에 읽고 추천서를 쓰기는 처음인 것 같다. 참으로 놀라운 증언이다. 종말의 날을 향해 던진 특별 메시지라고 본다.

이요나 목사의 자서전 〈리애마마〉는 오랜 세월 동성애자로서 생활하면서 견딜 수 없는 유혹과 절망과 고통 속에서 넘어짐과 일어섬의 순간순간마다 함께하신 하나님의 살아있는 증거이며, 또한 오직 하나님의 긍휼하신 은혜와 구원의 약속의 말씀에 의지했던 이요나 목사의 믿음의 승리이다.

이 책은 동성애 문제로 온 세상이 시끄러운 시대에 이 책은 동성애 문제를 해결할 큰 역할이 될 것이며, 성정체성으로 고통 받는 수많은 동성애자들에게 큰 소망과 위로가 될 것이다.

나는 이 책을 교회와 목회자에게 권하고 싶다. 교회는 동성애 문제를 어떻게 대응해야 할 것인가? 그들이 우리 교회 성도라면 어떻게 도와야 할 것인가 해답이 있기 때문이다. 또한 동성애가 만연하고 있는 종말의 시대를 살아가고 있는 부모들과 교육자들에게는 문화 충돌의 혼돈 속에서 청소년들의 성정체성의 확립을 위한 필독서가 될 것이다.

최홍준 목사 (호산나교회 원로목사, 국제목양사역원 원장)

꽃뱀의 공포

내 고향은 김포 비행장에서 삼십 리 정도 더 들어간 김포 장릉산 기슭의 당곡이라는 조그마한 마을이었다. 지금은 수도권 위성도시로 선정된 김포시가 되어 어린 시절에 느끼던 시골 풍치는 없어졌지만, 장릉산 기슭을 밟던 애틋한 추억들은 아직도 가슴에서 향을 토하고 있다.

장릉산 기슭은 유난히도 뱀이 많았다. 오뉴월이면 신작로를 거슬러 지나가던 뱀들이 자동차에 깔려 시뻘건 선혈이 뭉그러진 채 죽어 있었고, 사람들은 그 뱀의 시체를 피해 침을 뱉고 지나갔다. 또래들에 비해 나는 유난히도 뱀을 무서워했었다. 특별히 초록색 비늘에 붉은 반점과 새빨간 혀의 독사는 꿈에서라도 다시 볼까 소름이 돋는다.

내가 독사를 유난히 싫어하는 데는 내 인생의 체험을 통한 두 가지 특별한 이유가 있다. 한번은 땅에 기어 다니는 독사 꽃뱀의 체험이었고, 또 한 번은 내 삶 속에 숙명처럼 다가온 꽃뱀들의 실체 속에서 방탕해야 했던 저주의 흔적들이다.

중학교 1학년 때 일이었다. 서울로 유학을 온 나는 주말이면 어머니가 기다리시는 김포 집으로 내려갔다. 그때만 해도 그림에 남다른 재능을 갖고 있어서 나지막한 초가지붕 사이로 내다보이는 들판을 화폭에 담기 위하여 앞산 산소 터의 커다란 장송나무 밑으로 가곤 하였다. 늙은 소나무 가지에는 5월 단오놀이에 쓰기 위하여 매여 놓은 그네 줄이 드리워져 있었다.

5월의 꽃뱀

5월 따뜻한 봄볕과 어우러진 싱그러운 바람은 지금 생각해도 과히 에덴의 동산을 떠올리게 할 만큼 상큼했었다. 간간이 바람을 타고 들려오는 뻐꾸기 울음소리, 그리고 물 찬 제비들이 날아가는 사이로 소를 모는 농부들의 흥타령에 허리춤을 덩실 추어대는 아낙네들의 웃음소리는 어느덧 소설과 같은 이야기가 되어 버렸다.

하얀 도화지 위에 녹음방초와 잘 어우러진 황토 흙의 향기를 힘 있게 토해 나가던 나의 붓놀림은 흡사 화가의 아들과도 같았다. 하늘과 각양각색의 푸르른 나무들과 철쭉꽃 향, 그 사이 길을 따라 개울 건너편 논두렁에 맞물려 펼쳐진 김포평야, 그리고 황토 향 위로 피어낸 보리이삭을 가슴에 담은 채, 차마 그 장관들을 화폭에 담을 수 없는 부족한 경륜에 지쳐 잠들 듯 누워 하늘의 평안에 잠기던 순간, 내 영혼을 엄습하는 공포가 있었다.

찰나의 순간 내 의식 속에서 지구가 멎었고, 곤두선 머리털 위로 내 의식은 심장의 고동 소리조차 내기를 꺼리고 있었다. 흡사 지옥사자가 내 혼을 감아채려는 순간이라고나 할까? 그 순간에 내가 그 무엇을 보았다는 감각이 아니라 그 머리 털끝으로 감지된 무엇에 대한 공포가 내 뇌 속으로 전달되어 평소에 알고 있던 독사의 빨간 아가리가 동공(瞳孔) 안으로 감각되었다. 이것은 내재한 자기 보호능력을 통하여 예지된 본능적 투시(透視)였다.

그 순간은 감히 눈동자를 돌릴 수조차 없었다. 심장의 고동이 얼어붙어 흡사 냉동인간이 되어가는 순간이었다. 그럼에도 기이한 것은 심장을 멈추는 죽음의 절박한 순간에도 인간은 오히려 초연해질 수 있다는 것이다. 밤이면 무서워서 대문 밖 화장실조차 어머니 손목을 잡고 나갔던 내가 이처럼 초연해질 수 있다는 것은 나도 모르는 어떠한 능력이 솟아 나왔기 때문일 것이다. 인간이 극도의 공포와 냉혹함에 도달하면 인간의 의식은 더 잔인해진다는 것을 직접 체험하는 순간이었다.

이후부터 나는 사소한 움직임에도 쉽게 놀라는 반면 짙은 두려움과 공포에는 깊은 사고로 대처하는 냉철함이 생겼다. 나의 냉철한 의식은 그 무엇인가를 속행하여야 할 절박한 절규를 하고 있었으나 내 생각을 표현해 줄 감각기관은 이미 마비되어 있었다. 마비된 뇌리를 사로잡은 물체가 나의 동공 속에서 꿈틀거리고 있었기 때문이다. 그 물체는 바로 학교 가는 길을 가로질러 길바닥에 짓이겨진 채 찢겨 있던 그 무서운 빨간 무늬의 꽃뱀, 독사의 얼굴이었다. 바로 그 실체가 나의 머리카락을 스쳐가고 있다. 그 거리가 심히 가까워 도망할 순간조차 포착하지 못한 찰나 속에서 그 누군가가 나를 구해 주기를 기다려야 하는 절박한 순간이었다. 그때를 생각하면 아직도 그 생물이 내 혈관을 타고 기어가고 있는 듯하다.

아! 하나님

　나는 그때 내 생전 처음으로 하나님을 찾았다. 하나님이 구원의 신이라는 것조차 알지 못하는 나에게 있어 하나님에 대한 지식이라고는 초등학교 3학년 때 미군 트럭에서 초콜릿 조각과 함께 던져주던 쪽 복음에서 만난 마구간의 아기 예수가 전부였다. 그리고 중학교 때 서울 형수 집에 기거하면서 형수 손에 이끌려 나간 군인부대 안의 작은 천막 교회에 출석하면서 가끔 따라 부르던 찬송가와 아무런 의미 없이 귀에 와 닿던 군목들의 설교는 나의 영혼을 깨우칠 만한 복음이 되지 못했다.

　나는 그때까지 하나님에 대한 아무런 지식을 갖지 못하였고, 다만 모든 사람들과 마찬가지로 태어나면서부터 스스로 터득된 하나님의 개념과 귀동냥을 통해 들은 하나님의 아들 예수가 인간을 구원하기 위해 오셨고, 십자가에 못 박혀 죽으셨고, 그를 믿으면 구원받아 천당에 간다는 예수쟁이들의 일방적인 선포가 내 사고와 이성을 무시한 채 머릿속에 기억되어 있었을 뿐이었다. 그러나 꽃뱀이 침범한 절박한 공포의 순간에 나의 앞에 다가온 예수의 이름은 내 영혼을 뒤덮고 있는 하늘같은 존재였다.

　새까만 죽음이 입술 언저리를 타고 파고드는 순간이었다. 이 절박한 순간 어디서인지 알 수 없는 곳으로부터 쏟아진 목소리가 구원자의 이름을 부르고 있었다. "하나님, 나를 살려주세요!" 그리고 나는 산책을 나온 옆집 아저씨가 깨우기까지 시간을 잃어버린 채 누워있었다.

족히 두세 시간은 지났을 터였다. 그러나 나는 깊은 잠을 자고 난 것처럼 평안하였고 두려움의 고통 같은 것은 전혀 없었다. 어딘가 먼 곳을 다녀온 기분이었다. 무슨 꿈을 꾸고 난 것 같기도 했다. 부스스 일어나 주위를 살펴보니 내 주위에는 꽃뱀의 흔적이라고는 찾아볼 수 없었고, 그리다가 만 시골풍경만이 미완성인 채 나를 기다리고 있었다.

상실된 기억을 되살려보니 아주 먼 곳에서 있었던 공포의 순간이 지옥의 필름처럼 내 기억의 한쪽에 비껴서 있었다. 그러나 그 꽃뱀의 냉혹한 눈빛, 금방이라도 물어 버릴 듯한 갈라진 혀를 내보이던 꽃뱀은 분명 짧은 내 머리카락을 스치고 지나갔던 것이다. 그러나 실신한 채 깊은 잠 속에서 공포의 시간을 잃고 있었던 나의 의식은 상실된 죽음의 무게를 기억해 내지 못하고 있었다.

그 평안함은 후일 많은 인생의 강을 건너 주님의 안식의 강에 들어와서야 그것이 하나님께서 주신 평안이었음을 알 수가 있었다. 그 찰나에 느꼈던 두려움, 그리고 몇 시간 동안 잃어버린 의식 속에의 평안은 마흔세 살이 되어서야 하나님의 강가에서 찾을 수 있었다.

그 사건 이후 무척이나 산을 좋아하던 나는 집 앞의 동산마저도 오르기를 두려워했다. 이러한 공포의 증상은 군에 입대한 후에도 완전히 떨쳐버리지는 못하였다. 이렇게 뱀에 대한 공포는 나의 머릿속에 영원히 잊히지 않는 두려움으로 각인되어 있었다. 그러나 정작 두려워해야 했던 것은 나를 스치고 간 뱀의 실체가 아니라 내 삶의 한쪽을 지배하고 있었던 꽃뱀의 역사가 나와 함께 숨 쉬고 있었다는 것이다. 그 이후 뱀에 대한 기억은 땅속으로 스며들어 간 채, 우리 생활 속의 어느 한 소년의 서글픈 이야기로 이어져 간다.

꽃뱀의 숨소리

자살을 연구하는 사람들의 말에 의하면 교수대에 달린 사람들은 모두 마지막 찰나에 극치(極致)의 환희를 감각하며 정액을 분비한다고 한다. 그 환희의 순간은 인간이 어떤 극도의 공포와 흥분이 최고조에 다다를 때, 인간의 한계를 벗어나기 위한 마지막 찰나에 발생한다고 한다. 이때 분출되는 파워는 우주의 궤도로 진입하기 위해 분리되는 로켓에 비교할 수 있다.

다시 말하여 이것은 인간의 생의 마지막 끝에 남아 있는 모든 에너지가 분화되는 지극히 짧은 찰나의 감각으로서, 인간의 언어로 감지할 수도 표현할 수도 없어 인체에 속하지 않은, 또 다른 감각을 통하여 느껴지는 쾌감이라고 한다. 꽃뱀이 소년의 짧은 머리카락을 스치고 지나가던 순간, 소년의 생명은 끊어내기 직전 교수대에 걸려 있는 실낱과도 같았다. 그 숨결은 권능자의 손에 간수되어 다시 세상으로 되돌려지기까지 육체의 껍질에서 벗어나 영겁(永劫)의 세계로 돌입할 때 발생하는 또 다른 쾌락을 체험하고 있었다.

1960년대 한국의 문명은 사춘기와 함께 새로운 세계를 꿈꾸는 소년의 감성을 충족시키기에 너무 뒤처져 있었다. 그렇다고 해서 내가 그 시대의 다른 아이들보다 앞선 문명을 접하며 살았던 것도 아니다.

다만 인류에 미치는 문명의 발달은 하나님으로부터 계획되었던 숙명의 태엽이 인간의 지혜를 통해 서서히 풀려나가는 과정일 뿐이다. 그럼으로써 인간이 풀지 못하는 영혼의 담론은 눈에 보이지 않는 세계, 곧 지식과 체험과 감성과 이성까지도 초월한 초현실적 이데아를 실현하기 위한 인간 탈피의 몸부림이기도 하다.

남보다 조숙하다는 말로 표현하기는 이상할 정도로, 어린 소년의 육체는 그 어떠한 최고의 경지에 도달된 비밀스러운 쾌락을 이미 체험하고 있었던 것 같았다. 그 후 나의 어린 영혼은 그 무엇인가를 찾기 위하여 현실 세계를 달리기 시작했다. 그러나 그 충동의 세계는 소년의 현실을 훨씬 뛰어넘어야만 했다.

허기진 자아

　허기진 내 어린 소년의 이상(理想)은 자아를 채우기 위하여 헤밍웨이의 장서(藏書) 속에서 밤을 지새우기도 하고, 톨스토이의 〈죄와 벌〉 속에서 인간을 발견하며 어린 영혼의 카타르시스를 위하여 또 하나의 주홍글씨를 쓰고 있었다. 결국, 그 짧은 인생의 테마 속에서 터득한 철없는 지성(知性)은 데미안의 뜰에서 신(神)들과의 호흡을 나누고 있었다. 그리고 그 속에서 발생한 교만한 마음은 현실을 질투하는 천사들과 어울려 깊은 하늘 저편 열두 궁성을 넘나들고 있었다. 이렇게 신비를 향한 소년의 이데아 여행은 인생의 태엽을 추스르지 못한 채 육체의 천사들이 이끄는 미로로 미끄러져 가고 있었다.

　어느 때부터인가 내 어린 소년의 머리카락을 스치고 지나 저만큼 비껴 있었던 그 꽃뱀은 화려한 웃음을 지으며 소년의 연약한 숨소리를 이끌고 불타는 청춘의 늪으로 들어왔다. 날이 갈수록 그 꽃뱀은 황홀한 유혹으로 내려앉아 어린 육체의 생리적 성장을 요구하며 지난날 소년이 잃어버린 시간 속에서 맛보았던 쾌락을 실현하고자 애를 쓰고 있었다. 그때부터 지성과 지각(知覺)을 갖추지 못한 무분별한 소년의 자아는 궤도를 떠나 깊은 늪으로 달려가고 있었다.

　학교를 오가며 매일 겪어야 하는 통근 기차 안에서 비벼대는 육체들, 그리고 밤이면 자취방 건너 문풍지 사이에서 술 취한 병사를 이끌고 들어온 주인집 딸의 신음소리가 숨을 몰아쉬고 있었다. 또한, 주말이면 소년의 발걸음은 집 뒤의 과수원 어두운 숲 속으로 숨어 들어가 욕정을 불태우는 활동사진을 훔쳐보며 충동하고 있었다.

이론과 실습

이론이 끝나면 곧 실습의 시간이 다가온다. 이론이 충분할수록 실습에 임하는 사람은 담대함을 갖게 된다. 사춘기의 우윳빛 얼굴에 불그스레 달아오른 볼은 섹스에 굶주린 사람들을 유혹하기에 충분했다. 유혹이란 구태여 어떤 행동을 하지 않아도 쉽게 필요를 충족시킨다. 나의 인생 속에서 스스로 터득한 것은 더러운 마음속에 불타는 욕정은 언제 어느 때를 막론하고 수요와 공급이 절묘하게 맞아떨어진다는 것이다. 구태여 어떠한 연출을 기획할 필요도 없다. 그냥 꿈틀거리는 색욕을 지피며 거리 한쪽에 서 있기만 해도 허기진 욕정들은 피를 찾는 거머리처럼 다가왔다. 열여섯 살의 불타는 육체는 달려드는 세상의 충동을 수용하기에 용감했다.

그 후로 나의 가방 속에는 미군 부대에서 흘러나온 플레이보이 잡지와 사춘기 소년의 가슴을 불태우기에 부족함이 없었던 야담집으로 가득했다. 채워지지 않는 굶주린 소년의 동정(童貞)은 주말이면 통금을 맞도록 삼류극장 깊은 어둠 속에서 꽃뱀 파티를 즐기고 있었다. 이와 같은 살아 있는 지옥 행진은 내 영혼의 주인이 찾아오는 그 시간까지 그대로 덮어 두었어야만 했었다.

나는 지금 이 땅의 방황하는 젊은 영혼을 사로잡고 있는 더러운 영들의 끈질긴 역사를 말하고 있는 것이다. 아직도 하나님 안에 계획된 수많은 자녀들이 우리의 무관심 속에 다가오는 악한 환경들로 인하여 사단에게 유린당하고 있음을 기억해야 한다. 이처럼 인생들은 태초부터 설정된 열역학법칙 속에서 녹슬고 있다. 그들의 영혼이 하나님의 아들 예수 그리스도의 능력에 사로잡힐 때까지는 말이다.

이제 다시 한 번 돌아보자. 화려한 첨단물질문명 속에서 21세기를 살아가는 현대인들. 음주와 성문화 속에 공존해야 하는 삶 속에서 사단은 또 어떠한 꽃뱀의 형태로 당신의 마음을 움직일 것인지, 이는 아무도 알 수 없는 비밀스러운 유혹이다.

만석꾼 아들

나는 어려서부터 주변에서 예쁘다, 한 번 안아보고 싶다는 말을 많이 들었다. 어린아이 때는 누구나 한 번씩 들어보는 말이지만 초등학교 때에도 얼굴을 만지려는 사람들이 있었다. 그런데 흥미롭게도 동성애 성향을 가진 아이들은 모두 공통된 기억들을 갖고 있다.

나의 동성애 기억은 초등학교 시절부터다. 초등학교 5학년 때 이웃집 형으로부터 첫 성애(性愛)를 경험했다. 어린 소견에도 이런 행위는 부도덕하다는 생각은 들었지만 짜릿한 충족감은 그리 싫지 않았다. 그렇다고 내가 동성애자가 된 것은 성추행으로부터 시작된 것이라는 것을 말하는 것은 아니다. 그 이전 훨씬 전부터 내 영혼의 내면에는 남자를 향한 육체의 냄새가 서려 있었던 것이 아닌가 싶다.

나는 서울 근교인 김포의 농촌 환경에서 만석꾼의 아들로 태어나 인품이 인자하시고 호남이신 아버지와 학자의 막내딸로 태어나 매사에 긍정적이고 활동적이신 어머니 사이에서 다른 아이들과 다를 바 없이 평범하게 자라났다. 한 가지 특이한 점이 있다면 어려서부터 감성이 풍부했고, 조용하고 내성적이라서 거친 아이들과 잘 어울리지 않았고, 유달리 그림 그리기를 좋아했으나 학자가 되기를 소망하신 어머니의 반대로 중학교에 들어가면서 책을 가까이하게 되면서 사색이 깊어졌다.

그러나 천사와 같은 온화한 성품과는 달리 언제부터인가 나의 마음속에서는 남자를 향한 애정이 불일 듯 일어나고 있었다. 지금도 그 원인을 알 수 없다. 흔적 없는 저주와도 같고 하늘을 떠난 타락한 천사의 질투와 같다고 해야 할지……. 이런 이유에서 누가 동성애의 원인을 묻는다면 하늘을 날아가던 새가 싼 똥이 하필이면 내 머리에 떨어졌는지를 찾는 것이 나을 것이다. 물론 사람마다 어린 시절을 생각하면 그럴만한 정황들이 떠오르긴 하겠지만 그렇다고 어린 시절의 정황들로 인해 동성애자가 되었다고 단정할 수는 없다. 우리가 어려서 겪는 일들은 누구나 한 번쯤은 겪을 수 있는 보편적인 일이기 때문이다. 그보다는 차라리 타고난 팔자타령을 하는 것이 편할 것이다.

뚜렷한 원인도 어떤 연고도 없이 동성애자의 멍에를 메고 43년을 살아왔다. 내 어린 기억은 초등학교 4학년 무렵부터 이미 동성애를 느끼고 있었다. 아버지의 일곱 아들 중 여섯째인 나는 어머니에게는 장남이었다. 아버지의 남다른 사랑 때문에 배다른 형들의 곱지 않았던 눈총은 지금도 기억에 남아 있지만, 그것이 나를 동성애자가 되게 한 것은 아니다.

어떤 사람들이 말하는 것처럼 동성애가 선천적이라면 동성애를 정죄한 성경은 모순이 될 것이며 탈동성애자들의 증언도 거짓이 될 것이다. 그렇다면 동성애자들은 저주의 너울을 쓴 채 평생을 노예처럼 살아야 할 것이다. 또한, 어떤 사람들이 말하는 것처럼 성장 과정의 이런저런 이유로 해서 동성애자가 되었다고 하면 인류의 반 이상은 동성애자가 되었어야 할 것이다. 더욱이 우리나라와 같은 가부장적인 환경 속에 자라온 아이들에게 아버지와의 애틋한 애정 관계를 묻는다는 것은 불가능하다. 우리말에 공동묘지에 가서 문제없는 사람을 찾아보라는 말이 있다. 고통 없는 인생은 하나도 없다는 말이다. 성경도 "사람은 고생을 위하여 났으니 불티가 위로 날음과 같으니라"(욥 5:7)라고 기록하였다.

물론 동성애자들의 어린 시절을 살펴보면 결손가정도 있고 부모 관계가 좋지 않았던 자녀들도 있다. 그러나 그런 이유들이 동성애자가 될 만한 요소는 절대 아니다. 어떤 부모라도 자기 자식 귀한 줄 알고 나름대로 최선을 다한다. 미국 인류학자의 조사에 의하면 아버지가 없는 아이들보다는 술주정뱅이나 마약중독으로 시설과 교도소를 드나들던 아버지라도 있는 것이 자녀들의 인격성장에 더 좋았다고 한다. 또한, 고아원 출신들 속에 동성애자의 분포가 적은 것도 기이한 일이 아닐 수 없다.

어린 촉감, 동성애

초등학교 때부터 특별한 이유 없이 어렴풋이 감각되었던 동성애 성향은 사춘기에 접어들면서 본능적으로 나타나기 시작했다. 물론 이때는 이성에 대한 관심도 가지게 됐지만, 마음속 깊은 곳으로부터 동성에 대한 욕정이 불길처럼 솟아올랐다. 어린 새가슴을 안고 가족과 친구들 사이에서 남모르게 갈등해야 했던 사춘기 시절을 생각하면 스스로 목숨을 끊지 않은 것이 기적이라고 생각된다.

세월이 갈수록 내가 동성애자라는 현실을 받아들일 수밖에 없었다. 동성애에 대한 자료가 없었던 시절에는 혈관을 타고 흐르는 피가 다르다는 느낌마저 들었다. 걷잡을 수 없이 욕정이 끓어오를 때면 뱀의 머리라도 씹어 삼킬 것 같은 잔인한 충동이 솟아올랐다. 그러나 고요히 침상에 누운 심장 속에서는 태초로부터 계시된 어린양의 숨소리가 들리고 있었다.

욕정으로 갈급한 사람들에게는 서로 찾으려고 애를 쓰지 않아도 만나게 되는 운명 같은 것이 있다. 길을 가다가도 마주치는 눈길은 전생부터 알고 있는 정부(情夫)와도 같았다. 사랑한다는 말조차 나눌 필요도 없이 우리는 육체의 기차가 멈출 때까지 헐떡였다. 공중변소든, 처마 끝이든 사정(射精)할 시간은 장소를 가릴 필요가 없었다. 그렇게 나의 욕정은 사춘기를 달리고 있었다. 사실 지금도 그 순진하기만 했던 어린 시절에 내가 왜 동성애자가 되어야 했는지 이해할 수 없다. 어쩌면 나를 유혹한 그 꽃뱀이 알 것 같고, 또 내 운명의 주관자 하나님만이 알고 계실 거라고 생각된다.

아버지, 어머니 사랑 방법

어느 날 칼럼 블로그를 뒤적이다가 어떤 청년의 칼럼을 읽으며 눈물을 쏟아버린 일이 있었다. 청년은 아버지에 대하여 썼다. 그 제목이 '나는 아버지가 빨리 죽었으면 좋겠다'였다. 청년의 글에 의하면 청년의 아버지는 간질병 환자였다. 어느 날 청년의 아버지는 전도지를 들고 길에서 전도하다가 갑자기 발작하여 뒹굴기 시작했다. 시장통에서 장사하는 옆집 할머니가 달려와 전해 준 말을 듣고 달음질친 그 아들의 입에서는 "아빠가 빨리 죽었으면 좋겠다."는 말이 소리 없이 터져 나왔다.

그날 나는 컴퓨터 화면을 고정한 채, 그 아이의 고통을 떠올리며 얼마를 울어야 했던지 모른다. 목사의 체면이고 뭐고 주체할 수 없을 만큼 울었다. 내 가슴 속에서도 아버지의 얼굴이 애잔하게 떠오르고 있었기 때문이다. 그런데도 내 기억에는 왜 아버지에 대한 애틋한 사랑의 기억이 없는 것인지 모르겠다. 어머니가 시집오셨을 때는 아버지는 만석꾼의 아들로 받은 그 많던 땅을 이미 다 팔아 드신 상태였고, 어머니는 보따리장사를 하면서 우리를 키웠다. 내 기억에 어머니는 안 해보신 장사가 없으신 것 같았다.

닷새마다 열리는 장터 한 모퉁이에서 막걸리로 부풀려서 만든 술

빵을 쪄서 파시기도 했고, 장릉산 유원지에서 철마다 음료수 자판을 벌리시기도 했다. 또한, 동네 어귀 빈집을 얻어 보신탕집을 여시며 틈틈이 인근의 혼숫감을 도맡아 지으셨다. 어머니의 그러한 노력으로 우리는 만석꾼의 아들들보다 더 깔끔한 생활을 할 수 있었다. 어쩌다 까칠해진 아버지께서 집으로 들어오시는 날이면 우리 삼남매는 불도 지피지 않은 냉방으로 쫓겨나서 안방에서 일어나는 부부싸움에 귀를 막고 있어야 했다. 그 싸움은 항상 어머니의 일방적인 승리로 끝났지만, 그때마다 나는 속절없이 아버지가 불쌍하다고 생각되었다.

아버지는 훤칠한 키에 한 인물 하신 분으로 온유한 인품으로 칭송이 자자하셨다. 한 달에 한두 번 아버지의 손을 잡고 읍내 장터를 나가면 인근 사람들에게 인사받기에 바쁘신 아버지의 의젓하심에 저절로 신바람이 났었다. 어머니는 그런 아버지를 내심 사랑하셨던 것 같았다. 아버지의 외도에 진저리를 치시면서도 어머니는 아버지께 사시사철 깔끔한 한복을 지어 입히셨다. 아버지의 밥상에는 늘 계란찜과 구운 고등어 생선토막과 아버지께서 좋아하시는 버섯을 넣어 끓인 된장찌개가 올라왔다. 또한, 김장철이면 아버지께서 좋아하시는 보쌈김치를 빠뜨리지 않으셨다. 이러한 상반된 어머니의 모습에 어린 나는 어머니께서 정말로 아버지를 사랑하시는 것인지 미워하신 것인지 이해가 안 되었다. 흥미롭게도 내 기억 속에는 아버지가 일하는 모습이 없었다. 집안일이든 밭일이든 모든 일을 어머니가 도맡아 하셨다. 아버지는 밤이 새도록 사랑채에서 바둑을 두시든가 건넛마을로 넘어가 골패와 장기를 두시느라 며칠씩 집을 비우셨다. 어머니 말에 의하면 어머니가 시집오셔서 나를 낳을 때까지 아버지는 노름에 미쳐 하룻밤에 땅 한 마지기씩 팔아 드셨다고 한다.

결국, 빈털터리가 된 아버지는 바둑으로 소일하셨고 삼남매와 함께 먹고살기에 힘이 빠진 어머니는 아버지를 보기만 하면 싸우셨다. 어머니의 눈물겨운 푸념을 들으시며 한마디도 못하고 슬그머니 방을 나가시는 아버지의 멀쑥한 모습이 아직도 눈에 선하다. 고등학교에 들어가자 아들의 장래를 생각하신 어머니는 아버지를 시골 큰형님 댁에 떨치시고 우리 형제들만 데리고 서울로 이사 오셨다. 단칸방인 이유도 있었지만, 어머니에게는 아무것도 하시지 않는 아버지가 너무 야속하고 화가 나셨던 모양이다.

언제부터인지 철이 들면서 나는 어머니와 아버지가 정녕 잘못 만난 부부인 것으로 생각되었다. 평생을 싸우며 사실 것이라면 이렇게라도 헤어진 것은 어쩌면 잘 된 것으로 생각했었다. 그러나 세월이 흘러 서른이 다 되도록 동성애로 방탕하던 아들의 저주를 끊어내기 위해 자신의 목숨을 내려놓으신 어머니는 아버지가 사시는 시골 산모퉁이로 가서서 누우셨다. 차마 마지막 숨을 아버지 앞에 보이고 싶지 않으셨는지 아버지가 사시는 지붕이 멀리 바라보이는 산모퉁이에서 숨을 거두셨다. 나는 그날 밤 돌아가신 어머니의 얼굴을 비비며 어쩔 줄 모르고 우시는 칠십의 아버지의 눈물을 보았다. 새끼들만 데리고 매정하게 떠난 아내의 허망한 죽음에 어찌 저리도 슬퍼하시는지 보는 이들을 애통케 하였다. 그 후 아버지는 돌아가실 때까지 어머니의 산소 자락을 떠나지 않으셨다. 이렇게 아버지와 어머니의 사랑은 다음 천 년으로 입실하셨다.

지금은 강화 바다가 훤히 내다보이는 산턱에 나란히 누워 천 년의 사랑에 들어가 계시지만, 불혹을 훌쩍 넘겨 내 아버지의 나이가 된 후에야 나는 아버지의 애잔한 사랑을 발견하였다. 만석꾼의 아들로 아무것도 할 수 없도록 나약하게 성장하신 아버지와 억척같이 자식들과 함께 살아 보려던 어머니…….

어린 자식들 눈에 늘 다투시던 그들에게는 두 분만이 감내할 수 있는 사랑이 있었던 것이었다. 그들에게는 온전한 사랑을 쌓아둘 수 없는 감당키 어려운 환경과 자식의 장래를 향한 소망 가운데 견디기 어려운 삶의 애증이 있었다.

목사가 된 후 하나님의 사랑을 배우면서 과연 나에게는 자식의 업보를 풀기 위하여 목숨을 버린 어미의 사랑 같은 것이 있는가 생각해 본다. 또한, 하나님의 사랑을 안다고 말하는 나에게 자기를 뿌리치고 떠난 아내의 산소를 죽기까지 지킬 만한 간절한 사랑이 있는가 생각해 본다. 아버지와 어머니 두 분의 순애보가 칠십을 바라보는 이 못난 아들에게 사랑을 대변하는 것 같아 큰 위로가 된다.

제2부

/ 청춘시절 /

음녀들의 춤사위
빗나간 청년의 꿈
군대 안의 정사(情事)
동성애 암수동체인가.

– 탈동성애 교회연합운동의 로미터 바 –

얼마 전 기독교 대국 미국이 동성결혼을 합법화 하였다. 이는 이 지구상에서 동성애를 죄라고 고발할 나라들이 사라지고 있다는 증거이다. 또한 선교 대국이 된 한국교회는 동성애 문제를 강 건너 불처럼 치부하고 있었다. 이러한 때에 아무런 배경도 없는 이요나 목사가 동성애치유센터 홀리라이프를 세우고 탈동성애 운동에 앞장서 왔다.

이요나 목사의 자서전 '리애마마'는 동성애를 탈출한 한 사람의 증언이기보다 하나님이 택한 한 사람이 의인으로서 바로 서기까지 겪어야 했던 영들과의 치열한 전쟁이었다. 그러나 이요나 목사는 탈동성애운동이 한국교회의 승리가 되기 위하여 탈동성애인권기독협의, 탈동성애 교수포럼, 탈동성애 청년포럼을 결성하여 탈동성애 교회연합운동으로 이끌어 왔다.

이 책은 한국 교계는 물론 교수, 학생, 학부모, 교사 등 혼돈의 시대를 살아가는 현대인들에게 살아 있는 영적 자료로서 동성애자들을 구원하는 바로미터가 될 것을 확신한다.

박영률 목사 (한국교회복지선교연합회 대표, 국제중독복지전문신대원 총장)

음녀들의 춤사위

"네가 옛적부터 네 멍에를 꺾고 네 결박을 끊으며 말하기를 나는 순종하지 아니하리라 하고 모든 높은 산 위에서와 모든 푸른 나무 아래에서 너는 몸을 굽혀 행음하도다"(렘 2:20)

사춘기에 접어들면서 유달리 감수성이 풍부했던 나는 이성에 대한 눈도 뜨기 시작했지만, 질풍노도의 사춘기가 발동되면서 동성을 향한 욕정이 불길처럼 솟아올랐다. 나이를 더하면서 나는 동성애자로서의 인격이 완성되기 시작했다. 자위가 시작되면서 시도 때도 없이 주체할 수 없도록 솟구치는 성적 욕구는 하루에도 몇 번씩 은밀한 곳을 찾아야만 했다.

그러나 성적 욕구는 자위만으로는 만족되지 않았다. 아직 서구문화가 만연되지 않은 시대라서 TV도 없었고 포르노 잡지를 본다는 것은 생각도 할 수 없는 시대였다. 비키니 수영복을 입은 여배우 사진이 실린 달력 하나를 구하기조차 쉽지 않았다. 그런 시대에 성적 유혹에 빠져버린 청소년들에게는 생활주변에서 포착되는 은밀한 장면들을 훔쳐보는 것이 유일한 통로였다. 더구나 그 당시 시골집들은 방음이 전혀 되지 않은 한옥 구조라서 창호지 문틈을 타고 개미 기어가는 소리까지 드러나는 상황이었다.

여름밤이면 문풍지를 타고 은밀하게 속삭이는 젊은 부부의 정사의 현장을 찾아 나서는 청소년의 성적 욕구. 이는 벌써 성도착증에 중독되었다는 증거이다. 어떤 때는 정사의 신음소리가 들리기를 기다려 새벽을 꼬박 지새운 날도 있었다. 이 정도면 귀신의 조화이다. 그때를 생각하면 그 시절에도 그러했거늘 요즘 청소년들의 상황이 얼마나 심각한가를 짐작케 한다.

그런 상황 속에서도 청소년인 나의 가장 큰 고민은 부모님은 물론 친구들에게까지도 나의 성정체성을 드러낼 수 없다는 데 있었다. 가정이든 학교든 다른 사람들과 일상을 함께 하면서 은밀하게 겪어야 하는 동성애 성향은 양심을 짓누르는 인격적 모욕이었다.

말할 수도 없는 부끄러운 짓인 줄 알면서도 솟구치는 욕정을 주체하지 못하고 성적 본능에 이끌릴 수밖에 없는 동성애자의 심적 고통은 그 누구도 이해할 수 없는 지옥의 생활이다.

그럼에도 동성애자들은 자신이 동성애자 됨을 절실히 거부하면서도 끊어낼 수 없는 본성의 욕구와 굴욕을 스스로 즐기는 악순환 속으로 미끄러져 내려간다. 이것은 벗어날 수 없는 숙명과 같은 굴레이며 더러운 영들의 사슬이었다.

청춘이 깊어질수록 그날들의 밤도 깊어지고 어느새 그들의 욕정은 음부의 사자들이 되어 거리를 헤맨다. 이들의 마음속에 은밀하게 불타오르는 욕정은 마치 지옥에서 올라온 '음녀들의 춤사위'와 같다.

"소돔과 고모라와 그 이웃 도시들도 그들과 같은 행동으로 음란하며 다른 육체를 따라 가다가 영원한 불의 형벌을 받음으로 거울이 되었느니라"(유 1:7)

빗나간 청년의 꿈

"그들에게 있어 이성과의 성행위는 본성적 모욕이며 썩은 무를 입에 물고 수렁을 걷는 기분인 것이다."

그 당시는 '커밍아웃', '트랜스젠더'라는 용어 자체가 없었다. '게이', '호모', '동성애자', '여장남자', '오까마'(여장남자를 칭하는 일본어 속어)라고 불렀다. 청년 시절 나는 가족과 다른 사람들의 눈을 피해 이중생활을 해야 했다. 하지만 이미 은밀히 동성애를 즐기기 시작한 내 육체는 스스로 성애(性愛)의 상대를 찾아 나섰다.

대학교에 들어가면서 성적 욕구는 더욱 강렬해졌고, 학교 친구들 사이의 스킨십이 드러나 소문이 퍼지면서 결국 대학생활을 지속할 수 없게 되었다. 그 당시는 밤 열두 시면 통행금지가 있었다. 이 시간이 되면 도심의 유흥가는 매우 분주해진다.

그 시절 나는 명동을 즐겨 찾았다. 명동 국립극장 대로를 타고 활보한다는 것은 특별한 사람만 누리는 특권처럼 느꼈던 시대다. 명동 안에는 명동극장과 유네스코회관 극장이 있었다. 주말이면 이곳은 '게이'(동성애자들의 속칭)들의 헌팅 장소가 된다. 그렇다고 모든 게이들이 명동으로 몰리는 것은 아니다. 명동거리는 그만한 메리트를 가진 게이들이 왕래했다. 경제적인 여유가 없는 장년 게이와 청소년 게이들은 종로3가 파고다극장으로 몰렸다. 아주 싼 값에 두 편의 영화를 온종일 볼 수 있었기 때문이다.

어두컴컴함 속에서 누가 보든지 말든지 하루에도 여러 명씩 파트너를 바꾸어 가며 동성애를 즐겼다. 그들은 오직 동성애 섹스를 하기 위해 태어난 사람들 같았다. 그나마 나는 깔끔한 어머니의 교훈을 받은 터라 그렇게까지 타락하지는 않았다. 때때로 그들과 함께 무너지고 싶은 마음이 간절했지만, 바닥까지 내려간다는 것은 스스로 인간이기를 포기하는 것 같아 참고 또 참았다. 지금 생각하면 그 때는 아직 에이즈가 출현하지 않은 터라 천만 다행이었다. 만약 그 시대에 에이즈가 유입되었다면 의료생활이 발달되지 못한 개발도상국인 우리나라는 아프리카의 국가들처럼 에이즈 천국이 되었을 것이다.

흥미롭게도 동성애자인 내게 이성과의 연애감각이 완전히 마비된 것은 아니었다. 어쩔 수 없는 상황 속에서 친구들과 어울려 사창가도 가게 되고, 또 대학 시문학 동아리에서 만난 자매와 위선적 연애에 빠지기도 했다. 어쩌면 이런 나의 행동은 동성애 성향의 아이들에게는 이율배반처럼 느껴지겠지만, 그래도 내가 살던 시대에는 남자로서 여자에게 관심을 가져야 하는 도덕성 같은 것이 남아 있었다. 그런 시대적 환경 때문에 그 시대의 대부분의 게이들은 이중생활을 하고 있었다. 일부러 여자들을 사귀기도 하고 남자다운 척하기도 했다. 결혼한 동성애자들은 게이들 속에서는 창녀처럼 아양을 떨다가도 집에만 들어가면 갑자기 도덕군자가 되어 버렸다.

그 당시 내가 잠시 교제를 하던 자매는 내 인생에서 여자와의 첫사랑이다. 그녀는 나를 정말 좋아했고 가까이하고자 하면 할수록 밀어내는 나에게 더욱 매력을 갖고 있었다. 그녀는 일부러 작전을 세워 통금이 되도록 술자리를 마련하고 여관방으로까지 유인하였다. 어쩔 수 없는 상황에서 관계를 갖기는 했지만, 그녀의 어떤 유혹과 나의 노력으로도 동성애적 욕구를 이성적 애정으로 전환할 수는 없었다. 동성을 향한 애정은 본능적 욕구였기 때문에 그 상황은 마치 이성애자들이 동성과의 관계를 가질 수 없는 것과 같았다. 이처럼 동성애자들은 애정의 감정선과 본성적 성적 욕구가 완전히 역류된 상태 속에서 살고 있다.

"어떤 때에는 거리, 어떤 때에는 광장 또 모퉁이마다 서서 사람을 기다리는 자라 그 여인이 그를 붙잡고 그에게 입맞추며 부끄러움을 모르는 얼굴로 그에게 말하되 내가 화목제를 드려 서원한 것을 오늘 갚았노라 이러므로 내가 너를 맞으려고 나와 네 얼굴을 찾다가 너를 만났도다 내 침상에는 요와 애굽의 무늬 있는 이불을 폈고 몰약과 침향과 계피를 뿌렸노라 오라 우리가 아침까지 흡족하게 서로 사랑하며 사랑함으로 희락하자"(잠 7:12-18)

군대 안의 정사(情事)

"인간이 존재하는 곳에는 그 어떤 상황 속에서도 동성애 행위는 존재한다고 보아야 한다."

대학을 중퇴한 나는 현실도피를 위한 궁여지책으로 군대를 선택했다. 부모님을 볼 면목도 없었지만, 혹시 억압된 군대생활 속에서 색다른 변화를 가질 수 있지 않을까 하는 기대감이 있었다. 그러나 나의 동성애적 욕구는 그 어떤 상황 속에서도 통제되지 않았다.

흥미롭게도 그 어디든 동성애자가 있는 곳에는 동성연애를 즐길 수 있는 상황은 항상 준비되어 있었다. 더구나 남자만이 존재하는 군대와 같은 밀폐된 공간에서의 여성스런 외모는 성적으로 민감한 청년들의 시선을 집중케 하는 묘한 매력이 아닐 수 없었다. 더욱이 겨울이면 한 모포 속에 둘씩 자야 하는 그 당시 내무반 구조 속에서 여자같이 하얀 내 속살은 닿기만 해도 터지는 석류와도 같았다.

다행히 그 당시 시작된 일반병 하사로 차출된 터라 하사급 침상이 구분되어 있어 일반 병사들은 범할 수 없는 터였지만, 방탕 끼가 있는 당직 하사관이나 장교들에게는 서로 다투어 지명 차출되는 주번 하사관이었다. 싫든 좋든 몸시중을 들어야 하는 성추행적 고역도 있었지만, 그로 인해 나의 군대생활은 여유로워졌다. 내가 필요한 것은 조건 없이 얻을 수 있었다. 어디 그뿐이랴. 한 달에 한 번씩 주어지는 외출 외박은 공주와 같은 대우를 받을 수 있었으니 고된 군대생활이 아니라 호강이었다. 이처럼 군대 내에서의 은밀한 정사는 지금도 은밀히 진행되고 있을 것이다.

군 생활 속에서는 내가 마음먹은 사람은 누구나 다 정을 통할 수 있었다. 나의 은밀한 유혹을 거부하는 사람은 한 사람도 없었다. 화장실이든, 샤워장이든, 내무반 침상이든, 심지어 보초 막사에서도 동성애 정사는 멈추지 않았다. 절제된 공간에서의 젊은이들의 욕정은 동성이든 이성이든 건드리면 터치는 석류 알과도 같았다. 이와 같이 사람은 그가 어떤 위치에 있든지 간에 은밀한 유혹이 펼쳐지면 그는 성적 욕구가 이끄는 대로 끌려갈 수밖에 없다. 이처럼 동성애자들의 욕정은 거부할 수 없는 블랙홀과 같다.

도덕과 윤리가 살아 있던 시대에도 그러했거늘 지금과 같이 동성애 문화가 난무하고 동성결혼이 이슈화된 시대에서는 어떠하겠는가? 그럼에도 군 형법 92조 동성애 체벌규정을 삭제해야한다는 주장은 말이 되지 않는다. 더욱이 합의된 동성애는 전혀 문제가 될 것이 없다고 보는 청년 의식 구조 속에서 만약 군대 내에서 동성애를 허용한다면 장차 우리 자녀들은 양성애의 길로 빠져들 것이며 크리스천일지라도 동성애 유혹에 대하여 관대해질 것이다.

동성애, 암수동체인가?

"동성애자들이 말하는 사랑의 본질은 섹스다. 만약 그들에게 섹스가 없다면 그들이 말하는바 플라토닉 사랑이란 말은 거짓이다."

대부분의 동성애자들은 암수동체의 본능적 성향을 갖고 있어서 혼자서도 환상적 섹스를 즐길 수 있고 또한 상대를 만나면 그들만이 가진 암수본능의 성감대로써 상대의 본성적 욕구에 즉흥적으로 대응하게 된다. 그러므로 동성애자들이 말하는 사랑의 본질은 섹스다. 만약 그들에게 섹스가 없다면 그들이 말하는바 플라토닉 사랑이란 거짓말이 될 것이다.

지금까지 수많은 동성애자들을 상담해 오면서 대부분의 크리스천 청년 게이들은 자신은 상당히 점잖은 게이인 것처럼 말한다. 아마 그것은 자신이 크리스천이라는 신분에서 오는 위장일 것이다. 모태신앙이라고 말하는 청년일수록 자신의 동성애 성향을 포장하려 한다. 그러나 그것은 솔직히 말해 그들의 말은 새빨간 거짓말이다. 35년 전의 나를 보아도 이렇게 리얼하게 더럽거늘, 오늘과 같은 색욕의 시대에 정결한 게이를 찾는 것보다 하수도에서 깨끗한 행주를 찾는 것이 더 쉬울 게다. 상담을 하다 보면 믿음이 좋다는 권사님들일수록 아들에 대한 믿음은 대단하다. 우리 아들은 동성애 성향이 조금 있을 뿐이지 남자의 손은 잡아 보지도 않았을 것이라 확신한다. 아마

35년 전 우리 어머니도 그렇게 생각하셨을 것이다. 본디 나라는 놈은 정말 도덕군자와 같이 양순하고 순전하고 겉보기에 매우 깔끔하였으며 예의 바르기로 칭찬이 자자했으니 말이다. 그런 아들이 그처럼 더러운 호모질을 했을 것이라고는 아무도 생각하지 못했을 것이다. 그러나 동성애자는 최고의 연기자이며 거짓말의 천재이다. 콩으로 메주를 쑤는 정도가 아니라, 똥으로도 메주를 쑤는 악마의 지능을 갖고 있으니 말이다.

이렇게 일상의 삶 전체가 본능적 동성애자의 생활로 활성화되면서 나의 머릿속은 온통 동성애 성향의 생활문화와 성적 체험들로 채워지기 시작하였고 동성애는 고칠 수 없는 나의 인격이 되었다. 동성애를 떠나서는 아무것도 생각할 수 없었다. 그러면서도 나의 마음 한구석에는 동성애자의 비애가 살아있어 괴로워하며 자기 연민에 빠지기도 했다. 이와 같이 인간은 죄 된 행위를 미워하는 심성 또한 함께 갖고 있다. 그러나 아무리 기를 써도 절제할 수 없는 욕정은 허기진 하마의 입과도 같았다. 아! 지금도 그때를 생각하면 내가 죽지 않고 살아 있다는 것이 기적이다. 그러니 이 시대의 아이들의 고통이야 어떻겠는가? 지옥이 따로 없다. 동성애자로 살아간다는 것이 바로 지옥이며 불이다. 오, 주여! 부디 이들을 구원하소서!

"그러므로 내가 한 법을 깨달았노니 곧 선을 행하기 원하는 나에게 악이 함께 있는 것이로다"(롬 7:21)

제3부

욕망과 절망의 시대

이화랑(花郎)의 상실
산사(山寺)의 정사(情事)
어머니의 죽음
영혼의 통곡
어머니는 없었다
결혼의 고통

- 리애마마의 사랑은 아직 끝나지 않았다 -

오늘날 한국 사회는 동성결혼 합법화를 주장하는 이들이 일으킨 풍랑에 휩싸여 있습니다. 그러나 소위 동성애 축제나 동성결혼 합법화 운동 같은 것이 아무리 거세게 사회를 혼란으로 휘몰아가도 하나님의 말씀이 동성애를 '죄'라고 분명히 규정하고 있다는 사실은 변하지 않습니다.

하나님의 말씀의 경고에도 불구하고 오늘날 여러 서방국가들은 동성결혼을 허용하고 있으며 청교도 신앙으로 세워진 미국마저 동성결혼을 합법화했습니다. 한국에서도 일부 사람들이 동성결혼 합법화를 주장하고 있는 현실에 통탄을 금할 수 없습니다. 그러나 어떤 경우에도, 어떤 이유로도 동성결혼은 허락될 수 없습니다.

이러한 때에 동성애자들의 탈동성애를 돕기 위해 동성애치유상담센터 '홀리라이프'를 운영하고 계시는 이요나 목사님의 자서전 『리애마마』가 출간된 것은 매우 시의적절한 일입니다.

동성을 향한 육체의 소욕을 멈추고 승리의 삶을 이끌어낸 이요나 목사의 피 흘림의 투쟁은 동성애로 고통 받는 심령들에게 큰 위로와 도전의 메시지가 될 것입니다.

또한 이요나 목사님의 그리스도를 향한 사랑의 고백은 아직 끝나지 않았습니다. 이 책을 통해 대한민국에 동성애 합법화 운동이 저지되고 하나님의 나라를 세우는 거룩한 불꽃이 될 것이기 때문입니다.

이영훈 목사 (여의도순복음교회 담임)

이화랑(花郎) 의상실

"동성애에 빠진 게이들은 자신의 성이 신으로부터 받은 선물인 것처럼 착각에 빠진다."

군 제대 이후 나는 서울연극학교 드라마센터에서 알게 된 당대 유명 연극인이며 패션디자이너였던 현진 선배의 의상실을 돌보아 주다가 현진 선배가 외국으로 이민을 떠나게 되어 충무로에 '이화랑 의상실'을 개장하였다.

그 당시는 꽃미남을 뜻하는 '화랑(花郎)'이란 게이틱(gay-tic)한 이름을 쓰는 것조차 쉽지 않은 시대였지만, 어쩌면 나는 자신이 게이라는 사실을 은연중에 알리고 싶었는지도 모른다. 이처럼 동성애에 빠진 게이들은 자신들의 성이 마치 신으로부터 받은 선물인 것처럼 착각에 빠진다.

충무로 수도경비사 사거리 앞의 허니맨션 7층에 오픈한 의상실의 주 고객은 나이트클럽 호스티스였다. 일찍부터 사교춤을 배워 틈만 나면 나이트클럽을 즐기던 시절이라 호스티스들에게 제법 인기가 있었다. 또한, 그 당시는 명동과 충무로 고급 의상실과 백화점에서는 상류층 부인들을 상대로 한 타운웨어가 중심이어서 파티복 전문 드레스 샵은 상당한 인기가 있었다.

그러나 문제는 호스티스들에게 홍보하기 위해서는 저녁마다 나이트클럽에 가야만 했고, 또 갈 때마다 호스티스들을 유혹할 만한 꽃미남들을 대동했던 관계로 배보다 배꼽이 더 컸다. 이 상황 속에서 자연적으로 생기는 것은 제비족이다. 의상실에는 몇 명의 제비족이 점원을 가장해서 상주하고 있었고, 그들은 내가 게이라는 약점을 이용하여 틈틈이 돈을 뜯어갔다.

이처럼 내 마음이 온통 콩밭에 가 있으니 의상실은 사생활을 화려하게 꾸미는 치장일 뿐 돈을 벌기 위한 사업이 되지 못하였고, 날이 갈수록 어머니께서 평생 모은 재물만 탕진하였다. 또한, 여기저기서 사채를 쓰다 보니 채무관계로 소송을 당해 구치소에 수감되기까지 하였다. 결국 내 생전 처음으로 시작한 사업은 3년 만에 문을 닫고 말았다.

사십일 간의 구치소 생활로 심신이 극도로 허기진 때에 우연한 계기로 불교대학을 나와 태고종단의 총무원에 봉직하던 젊은 스님을 만나게 되었는데, 그는 연극계 현진 선배의 숨겨 둔 애인이기도 했다. 그는 훤칠한 키에 오뚝한 콧날의 조각남으로 중후한 매력까지 더해 지나가던 사람들도 다시 돌아볼 만하였다. 내 일생을 통해서도 그만한 얼굴은 만나보지 못했다. 그런 연고로 지승 스님은 상류층 게이 세계에서 우상과 같은 존재였다.

그러나 불행하게도 의상실을 정리하고 프랑스에 이민을 떠나기를 소원했던 현진 선배는 프랑스 교포라는 꽃뱀에게 사기를 당하여 중동 사우디 땅에 버려져 한국으로 돌아오지 못한 채 자살로써 생애를 마감했다. 그 당시 나를 아는 많은 사람들이 여러 면에서 현진 선배를 많이 닮았다고 하였다.

산사(山寺)의 정사(情事)

"달빛이 늘어진 산사 자락을 타고 깊은 밤을 가르는 두 남자의 연애 감정은 신비 그 자체였다. 이 순간 누가 이들의 사랑을 더럽다 할 것인가? 그 시간은 그냥 이대로 죽어도 좋다는 생각마저 들었다."

명동 현진 선배의 의상실에서 처음 만난 지승 스님은 내 마음을 사로잡았지만, 언감생심 패션계 선생이자 연극계 선배의 애인을 넘볼 수는 없었다. 그냥 옆에서 보는 것만으로도 만족했다. 그러나 선배가 손님을 맞는 동안 힐끔 나의 얼굴을 쳐다보는 그의 눈에는 '언젠가 우리는 꼭 만나게 될 거야.' 하는 무언의 메시지가 서려 있었다. 그처럼 가슴에 멈춰 있던 지승 스님을 명동 저녁거리에서 우연히 만난 것이다. 우리는 누가 먼저라고 말할 것도 없이 자석처럼 서로 끌어당겼다. 그날 밤은 오늘 지구가 무너져도 좋다는 생각이 들었다. 40일간의 교도소의 굴욕과 무엇을 하고 살아야 할지 모르는 필름이 끊긴 막막한 인생 사이로 스며든 오아시스와도 같았다.

명동에서 하룻밤을 지낸 지승 스님은 곧바로 휴가를 내서 나를 데리고 계룡산 기슭에 있는 작은 암자로 여행을 떠났다. 훤칠한 키와 갸름한 얼굴, 오뚝한 콧날에 깊은 사색을 더 한 냉정한 매력이 그에게 있었다. 그는 사십일 간의 구치소 생활로 한풀 꺾인 나를 사랑하는 어린 애인을 감싸듯이 품어 주었다. 그는 아무리 보아도 스님이 되기엔

아까운 인물이지만, 그는 스님 됨의 긍지를 갖고 있었다.

　서로가 같은 목적으로 떠나온 여행이라 두 사람은 설렘으로 가득 찼고, 고속버스 안에서도 허벅지를 가린 법복 아래로 스님의 따뜻한 손이 은밀하게 움직였다. 이처럼 게이들의 정사는 시간과 장소를 가리지 않는다. 두 사람 사이에 아무 말도 없었지만, 욕정의 교감은 말로써 성취되는 게 아니었다.

　새벽이면 법당에 앉아 염불을 토하는 낭랑한 스님의 목소리와 뒤태에서 풍기는 고독한 독신자의 매력 같은 것이 나를 사로잡았다. 그는 이미 결혼을 했음에도 말이다.

　개울을 타고 올레길을 거닐 때는 산새들마저 우리의 연정을 시샘하는 듯 앞질러 쫓아다녔다. 해 떨어진 산사의 싸늘함이 내리깔리는 시간이 되면 어느새 스님의 넓적한 가슴이 나를 끌어안고 있었다. 말이 없는 시간이 지루하지 않게 흐르고 있었다.

　달빛이 늘어진 산사 자락을 타고 깊은 밤을 가르는 두 남자의 연애 감정은 신비 그 자체였다. 그 순간은 그냥 이대로 죽어도 좋다는 생각마저 들었다. 어쩌면 내가 승려가 되려고 결심한 것은 불도를 닦기 위함보다는 세상이 채워줄 수 없는 본능을 만족시키기 하기 위한 절대 소망이었는지도 모른다.

이 순간 누가 이들의 사랑을 부정하다고 할 것인가? 비록 동성애자들의 연애가 창조의 섭리를 거역한 불륜이지만 그들 사이의 연애 감정까지 무시할 필요는 없다. 비록 그들의 연애가 도덕과 윤리에 어긋난 것일지라도 그들에게도 연애감정이 있는 것도 사실이기 때문이다. 그러나 분명한 것은 그들의 애정이 어떻든 간에 그들이 행한 애정행각은 삶에서든 죽음 이후에서든 심판을 받게 될 것이다.

어머니의 죽음

"아들의 고백을 듣는 순간 그 어떤 상황에도 좌절하지 않던 어머니는 마치 혼백을 상실한 것 같았다. 나는 지금도 그때의 어머니의 얼굴을 잊을 수가 없다."

산사에서의 며칠 밤은 세상을 내려놓고 승려의 꿈을 꾸기에 충분할 만큼 충만했다. 그만큼 마음에 든 사람과의 성적 유희는 인간의 그 어떤 고통도 잠재울 만큼의 마력을 갖고 있었다. 그러므로 인간 세상에서 정사는 멈추지 않는다. 그것이 부부의 관계든 불륜이든 남녀 간의 정사든 동성 간의 정사이든 그것은 그리 중요하지 않다. 그가 어떤 위치에 있든지 정사의 순간은 도덕적 이성을 마비 시킨다. 헐떡이는 욕정이 요동을 치면 학자나 정치가나 재벌이나 스님이나 목사라도 모두 짐승이 되고 만다. 그것이 인간이다.

단 며칠 만에 승려의 매력에 매혹된 나는 더 이상 망설일 것도 없이 승려가 되기로 작정했다. 앞날에 대한 비전도 설계도 모두 정지된 상태였다. 오직 욕정이 요구하는 사랑의 진액이 혈관으로 가득 차면 그것으로 족하다고 생각되었다.

나는 지승 스님의 도움으로 승려가 되기 위해 안양의 어느 개인 사찰에 입적하기로 약속을 받아놓은 상태였다. 그러나 어머니의 반대가 너무 크셨다. 평소 입버릇처럼 아들이 교수가 되기를 소망했던 어머니이셨기 때문에 설혹 사업에 실패한 아들일지라도 머리를 깎고 절로 들어가겠다는 것을 허락할 부모는 없다.

결국, 나는 어머니에게 왜 승려가 되려 하는지를 설명하는 가운데, 내가 어려서부터 동성애자였음을 고백할 수밖에 없었다. 어머니는 아들이 태어날 때부터 동성애자였다는 고백에 큰 충격을 받았다.

어머니가 그렇게까지 충격을 받을 줄은 생각지도 못했었다. 평소에 불심이 깊으셨고, 재산을 탕진하며 탕자처럼 살던 아들이 승려가 되겠다고 하면 오히려 좋아하실 줄 알았다. 그런데 아들의 고백을 듣는 순간 그 어떤 상황에도 좌절하지 않던 어머니는 마치 혼백을 상실한 것 같았다. 나는 지금도 그때의 어머니의 얼굴을 잊을 수가 없다. 이미 어머니의 얼굴은 생명을 상실하고 있었다.

어머니는 아들이 이렇게 된 것은 아들을 얻기 위해 부처님에게 백일 불공을 드려 현몽을 받아 어렵게 얻은 아들인데, 결국 팔자에 없는 자식을 달라고 한 자신의 업보로 아들이 동성애자로 태어난 것이라고 생각하셨다.

청천벽력 같은 아들의 고백에 몇 날 며칠을 눈물로 지새우던 어머니는 아들에게 내려진 저주의 업보를 끊어 내기 위한 결단으로 사랑하는 두 아들과 딸에게 유서를 남긴 채 아버지가 계신 김포 선산 자락에서 스스로 숨을 거두셨다.

"아들아, 어미가 죽는 것을 서러워 말거라. 내가 떠나는 것은 너 때문에 괴로워서가 아니라 너를 살리기 위함이다. 아들아, 미안하다. 아무 죄도 없는 네가 어려서부터 악귀에 시달려왔던 것을 생각하니 어미의 죄가 크다. 그러나 나는 내 아들이 잘될 것을 믿는다. 삼 년이 지나면 너도 서른 살이 되니 모든 것이 잘 풀릴 것이다. 네 저주는 내가 다 지고 가니 너는 인생을 비관하지 말고 열심히 살거라. 어미는 저승에서도 너를 위해 기도할 것이다. 행복하게 살거라……."

"사랑하는 막내아들 희찬아! 엄마는 먼저 간다. 형에게 치어 너를 보살펴 주지 못해서 미안하다. 그러나 형이 잘되면 네가 잘 되는 게다. 어미가 죽는 것은 너희 형이 잘못해서가 아니라 내 아들들을 살리기 위함이다. 그러니 너희 형을 원망하지 말고 매사에 순종하거라. 네게 형은 아버지다."

"딸아, 어미가 먼저 간다. 네게 제일 미안하구나. 너에게 무거운 짐을 남겨두고 가는 것 같아서 마음이 아프다. 네 동생들을 부탁한다. 특별히 큰애를 부탁한다. 마음이 격해서 인생을 비관하고 나를 따라오지 못하도록 매사에 신경 써 주기 바란다. 삼 년만 참으면 내 아들들이 잘 될 것이다. 어미가 저승에서도 기도하고 있겠다. 딸아, 건강하거라. 잘 살아라."

영혼의 통곡

"아들들아, 다시는 이런 날이 오지 않기를 기도하자. 차라리 내 영혼이 너를 대신하여 무너지더라도……."

아! 이 날의 고통을 나는 무엇으로 말할 수 있으랴. 내 영혼이 통째로 날아가 버린 느낌이다. 삶의 의식조차 상실한 나의 인생, 나의 동공 속에는 죽음의 사자들이 진을 친 지 오래 되었다. 지옥도 용납할 수 없는 내 영혼의 무게를 이고 숨을 가늠하는 것조차 버거운 시간이 쉬지 않고 심장을 압박하고 있었다.

갓 스무 살이 되던 때, 동성애에 빠진 자기 연민을 견디지 못해 수면제 스무 알을 털어 넣고 응급실 문턱을 넘었을 때도 죽음의 그림자가 그토록 무거운 것인 줄을 느끼지 못했었다. 영혼의 문턱을 넘으면 육체가 감당할 수 없는 또 다른 시간이 기다리고 있을 것 같았다. 어쩌면 그 죽음 속에서 나의 비밀스러운 인생을 찾고 싶었는지도 모른다.

이처럼 불타는 사춘기에 이르면 누구나 한번쯤은 죽음이란 것을 생각해 본다. 죽음 저 편에는 육체를 초월한 영들의 세계가 있을 것 같은 망상에 빠지기 때문이다. 미처 영들의 전쟁을 알지 못한 철부지들이 육체 밖의 이데아를 꿈꾸며 어쩌면 데미안의 이상을 실현 시키고자 하는 욕망에 도취되어 있었을지도 모른다. 어머니의 죽음으로 내 인생의 모든 것이 멈추었다. 내 앞의 모든 날들이 정지된 것 같았다. 더 이상 내 인생이 존재할 수 없을 것 같은 죽음의 시간들이었다. 그럼에도 멈추지 않는 숨, 이 반역의 시간 속에서 나의 영혼은 무엇을 생각하고 있었는지조차 기억이 없다. 그냥 살아 있는 고깃덩어리가 숨을 쉬고 있었던 것이다.

- 그냥 시간이 멈추어 버리던가
- 땅이 갈라진 사이로 천길만길 곤두박질치던가
- 하늘이 통째로 무너져 내리던가
- 밤도 낮도 시간의 존재도 기억할 수 없는 공간으로 날아가던가

아들들아, 다시는 이런 날이 오지 않기를 기도하자. 차라리 내 영혼이 너를 대신하여 무너지더라도……. 아니다. 설혹 네 어린 영혼이 풀지 못한 비밀한 육체를 평생 걸머지고 살아갈지언정, 부디 그 죽음의 날을 네가 보아서는 안 된다. 그러나 내가 알진대 동성애자를 둔 이 땅의 모든 어머니들은 아들의 저주를 끊어낼 수만 있다면 내 어미보다 더 아픈 고통을 불사할 것이다. 그러나 복음의 비밀을 깨달은 오늘 내가 더 괴로운 것은 동성애는 결코 타고난 업보도 저주도 질병도 아닌 모든 인간들 속에 역사하는 보편적인 죄라는 데 있다. 죄성을 가진 인간이면 누구라도 얽힐 수 있는 죄인 것이다. 그러므로 진리를 깨닫지 못한 영혼처럼 안타까운 인생은 없다.

어머니는 없었다

"어머니가 있으므로 숨을 쉴 수 있었고 먹을 것과 마실 것과 입을 것이 존재했다. 어머니는 처음부터 나의 생명이셨다."

세상의 그 어떤 것보다 소중하고 귀히 여기시던 나를 두고 눈을 감으신 아머니…. 그날부터 내 인생에서 어머니는 없었다. 아들이 부르면 그 어디서라도 단걸음으로 달려오던 나의 어머니는 더 이상 없었다.

내 인생에서 어머니가 없을 것이라고는 한 번도 생각해 보지 못했다. 내 인생에서 어머니는 영구한 존재였다. 어머니가 있으므로 숨을 쉴 수 있었고 먹을 것과 마실 것과 입을 것이 존재했다. 어머니는 처음부터 나의 생명이셨다. 그 생명이 멈추어 버린 것이다. 그처럼 위대한 생명의 존재가 한순간에 어디로 치워진다는 것은 불가능한 일로 여겨왔었다. 그런데 어머니께서 스스로 자신의 존재를 치워버린 것이다.

어머니의 존재감의 비중이 깨달아 오는 순간, 생전 처음으로 내 존재의 무익함을 알게 되었다. 생명의 존재가 멈추어 버림 가운데 갈수록 내 영혼의 공백이 점점 커지기 시작했다. 그러나 더 고통스러운 것은 어머니 앞에 용서를 빌어야 하는데 용서해줄 존재가 치워졌다는 것이다.

어머니의 혼백이 한 촉각이라도 살아 있었다면……. 어머니의 혼백을 바람결에라도 감지할 수 있다면, 죄를 고하는 아들의 눈물을 보시고 떠나셨다면 그 영혼이 위로가 되셨을 것을…….

그러나 어머니는 더 이상 없었다.

- 어머니 잘못했습니다.
- 어머니 잘못했습니다.
- 어머니 잘못했습니다.

결혼의 고통

동성애자들에 있어 결혼의 설정은 남자와 남자이다. 그러므로 여자와 결혼한다는 생각은 동화 속의 각본일 수밖에 없다. 물론 부모와 사회적 배경 때문에 어쩔 수 없이 이성과의 결혼을 선택하는 사람도 있지만 그들의 인생은 갈수록 지옥이다. 사랑하지 않는 사람과 살을 맞대고 산다는 것은 감당할 수 없는 고통이기 때문이다. 나 또한 결혼이란 것을 생각해 보지 않았다. 만약 결혼을 한다면 그것은 사랑하는 남자와의 결혼이었다.

그럼에도 지난 시절 나의 과거 속에는 여인들과의 연정이 있었다. 이런 나를 두고 동성애자들은 이요나는 뼛속부터 동성애자가 아니라 양성애자였다고 말한다. 그러나 이 세상에는 특히 우리나라의 가족 구조 속에서는 결혼한 동성애자들이 너무 많다. 다만 그들은 아내와 애정 교감을 공유할 수 없는 생물학적 구조 속에서 죽기보다도 싫은 결혼생활을 유지하고 있는 것이다.

과거 의상실을 하던 시절 나는 좋든 싫든 여자들과 비즈니스 차원의 육체관계를 맺어야 했다. 여자들은 내가 남자를 좋아한다는 것을 뻔히 알면서도 은근한 유혹을 던져왔다. 하얀 피부와 동안의 매력도 있었겠지만 어쩌면 그녀들은 남자가 남자를 좋아한다는 동성애적 매력을 알고 싶었는지도 모른다.

 설혹 어려서부터 여성편향의 동성애자라도 여성과의 성관계가 안 되는 것은 아니다. 트랜스젠더의 경우도 마찬가지이다. 수년 전 십여 년 간 부부생활 속에서 자녀를 낳고도 이혼하여 성전환 수술을 하여 호적변경을 한 청주의 트랜스젠더의 예가 이를 증명한다. 그러므로 동성애의 근본적인 문제는 육체의 구조에 있는 것이 아니라 동성애 편향의 마음에 있는 것이다.

 어머니께서 작고하신 후 고인의 한이라도 풀어 드리기 위해 결혼이란 것을 생각하게 되었다. 마침 그 당시 나를 좋아하던 여인이 있었다. 그 여인도 초혼의 상처가 있었다. 그녀는 내가 남자를 좋아하는 줄 알면서도 나를 사모했었다. 어쩌면 그녀는 자신과 결혼을 하면 나의 성정체성이 변할 것으로 생각했을지도 모른다.

 어머니의 각별한 유언도 있었고 결혼을 하는 것이 연로한 아버지와 형제들과 화해를 하는 길이라 생각했다. 이유야 어쨌든 우리 두 사람은 양가의 축복을 받으며 신라호텔 영빈관에서 결혼식을 올렸다. 그리고 경주로 신혼여행을 떠나 부산 해운대를 돌아왔다.

 사랑이 없는 결혼이었기에 신혼여행 역시 슬픈 추억이 되었다. 사랑이 없으니 대화가 없고 여자를 사랑해 본 기억이 없으니 어떻게 대하여야 할지 막막했다. 의무적인 대화 속에서 시간이 되면 밥을 먹고 저녁에 되면 티브이에 코를 박다가 잠자리에 들어갔다.

사랑 없는 신혼생활의 잠자리는 지옥과 같이 길었다. 신혼 첫날밤부터 내가 이 여인과 평생을 살아야 하는가 하는 생각에 가슴이 답답해 왔다. 그렇다고 섹스가 안 되기 때문은 아니다. 섹스야 마음먹기에 따라 충분히 연출할 수 있다. 그러나 여인과의 정사(情事)가 내게는 얼마나 큰 고통인 것을 짐작이라도 했다면 그녀는 나와 잠자리를 갖지 않았을 것이다. 동성애자에게 있어 부부생활이란 능구렁이를 안고 자는 것과도 같기 때문이다. 결국, 우리의 신혼생활은 일 년을 넘지 못하고 끝내고 말았다. 지금도 나는 그녀에게 죄인 된 마음을 갖고 있다.

제4부

열애 클럽

최초의 트랜스젠더바
아! 예수 그 이름
예수쟁이 동성애자
리애(李愛) 마마
하나님의 나침반
진노의 잔

– 비판 속에서도 우뚝 선 탈동성애 운동의 선구자 –

여기 하나님께서 쓰시려고 세우신 한 사람이 있다. 그는 동성애자였다. 그러나 하나님의 은혜로 돌이켜서 탈동성애자가 되었다. 그리고 지금까지 동성애 치유상담센터를 이끌며 동성애자들을 가슴으로 품고 위로하고 치유하는 사역을 하고 있다.

우리가 동성애를 반대할 때, 동성애 자체를 비판해야지 동성애자를 증오해서는 안 된다. 나도 그런 실수를 범할 뻔 했는데, 이요나 목사님을 통해서 우리가 동성애자들을 얼마나 연민하고 동정해야 된다는 사실을 깨달았다.

이요나 목사님은 동성애 전력 때문에 오해를 받는 경우가 많다. 동성애자였다는 것 때문에 그를 경계하거나, 탈동성애자 입장 보다는 동성애자 입장을 옹호하는 활동을 한다는 비판을 받기도 한다. 그러나 이 목사님과 함께 동성애 사역을 하면서 많은 대화를 나누다 보니, 그가 가진 동성애 문제에 대한 깊은 통찰력에 감탄하며, 또한 동성애 치유사역을 향한 헌신적인 열정에 박수를 보내게 된다.

동성애자에 대한 따뜻한 연민과 동정의식이 없다면 어떻게 동성애자들을 탈동성애자로 이끌겠는가. 어떻게 보통 사람이 그런 일을 할 수 있겠는가. 이 책이 동성애자들에게도 많이 읽혔으면 좋겠다. 동성애를 반대하는 분들도 동성애를 더 깊이 이해하고 차원 높은 탈동성애 운동을 펼치는 교본으로 쓰임받았으면 좋겠다. 그래서 이 땅에 탈동성애자들이 많아졌으면 좋겠다.

소강석 목사 (새에덴교회, 한국동성애대책위원회 본부장)

최초의 트랜스젠더바

"인생의 허리에서 추락한 나는 살아갈 명분을 상실한 사람 같았다. 하루하루 사는 것이 고통이었다. 그렇게 허접한 이방인의 땅 이태원에서의 삶은 의욕을 잃은 채 하루하루를 살아남았다."

나는 아들을 위해 목숨을 내려놓으신 어머니의 유언을 따라 승려가 될 생각을 접었지만, 이미 어머니의 재산을 모두 탕진한 터라 세상 살아갈 길이 막막하였다. 그렇다고 살아갈 만한 별다른 기술도 터득한 바 없고, 손에 물 한 방울 만지지 않고 귀공자처럼 자란지라 잠시라도 내 몸을 의탁할 곳조차 없었다.

다행히 내가 한참 잘 나갈 때 함께 어울리던 게이 친구들에게 인심을 쌓아 놓은 터라, 그들이 돈을 모아 이태원 시장 입구 모퉁이 전당포 3층에 15평 남짓한 '젊은 태양'이라는 카페를 열게 됐다. 누님은 시집갈 때의 패물을 팔아 보태 주었다. 이것이 한국 최초의 트랜스젠더 클럽 '열애클럽'의 출발이다.

내가 처음부터 열애클럽을 시작한 것은 아니다. 비록 내가 게이생활을 하고 있었지만, 여자가 된다는 개념을 갖고 있지 않았다. 오히려 거리에서 여장을 하고 거리를 활보하는 몇 몇 트랜스젠더들을 천박하게 생각했었다.

그 당시는 종로3가 파고다극장을 중심으로 동성애자들의 채팅 장소인 작은 규모의 호모바들이 즐비하게 들어섰고 명보극장을 중심으로 게이 호스트바가 몇 개 있었다. 게이들과의 성관계를 좋아하지 않았던 나는 종로 호모바는 출입하지 않았다. 간간이 의상실 주인들과 어울려 명보극장 주변의 게이 호스트바를 다녔을 뿐이다. 그곳에는 신문광고를 통해서 게이들에게 술시중과 몸시중을 들 청소년들을 상시 모집하였다.

호스트바 주인들에게 패션계 사람들은 최고의 고객이라 새로운 미소년들이 들어오면 지체 없이 전화를 돌렸다. 그중에서도 나는 그들에게 베스트 고객이었다. 그 이유는 내가 술을 먹지 못하는 관계로 아이들에게 난잡한 언행을 하지 않았고, 테이블 봉사만으로도 충분한 팁을 주니 호모들의 몸시중을 싫어하는 청소년들에게 나는 봉이었다. 그런데 그들의 고객이었던 내가 이제는 이태원의 첫 번째 호스트바 '젊은 태양'의 주인이 된 것이다.

그러나 게이 호스트바 젊은 태양을 운영하면서도 나는 내가 살아가야 하는 삶의 의식을 찾지 못하였다. 그냥 숨을 쉬는 것으로 살아있다는 생존의식을 가져야 했다. 사는 것이 사는 게 아니란 말이 남의 일이 아니었다. 잠을 이루지 못하는 나날 속에서 맹물과 같은 일상들이 무의미하게 다가왔다가 지나갔다.

내 머릿속에는 삶을 향한 소망도 없었고 무엇을 하고자 하는 의지 또한 없었다. 무의미한 인생 속에서 하루를 산다는 것은 마치 우리 안에 갇혀서 무거운 숨을 내쉬며 살아가는 짐승과 같았다. 그러므로 인생에게 소망은 삶의 절대 이유인 것이다.

아! 예수 그 이름

"내 죄를 용서받았다는 확신과 함께 쏟아지는 회개의 눈물과 함께 기쁨과 평안이 가슴속으로 밀려들기 시작했다. 이는 마치 썩은 육체 안으로 밀려드는 또 다른 생명과도 같았다."

허망한 날들이 흘러가는 가운데 내 운명의 변화의 전초가 될 첫 번째 날이 찾아왔다. 수년 전부터 절친하게 지내던 민속가수 남미랑 누나가 나에게 예수 그리스도의 이름을 전한 것이다. 과거 고스톱을 치며 가깝게 지내던 민속가수 미랑이 누나가 돈을 벌기 위해 일본클럽에 진출해서 3년 동안 연락이 두절됐었는데 어느 날 갑자기 전화가 왔다.

미랑이 누나도 일본생활에서 빛을 보지 못하고 사람을 잘못 만나 이용만 당하고 한국에 돌아올 수 없는 억류 생활 속에서 하나님을 믿게 됐는데, 천신만고 끝에 일본생활을 청산하고 귀국하게 되었다. 그녀는 삼 년 만에 고국으로 돌아오는 비행기 안에서 지나간 날의 허접했던 인생을 회개하며 이제는 오직 하나님의 은혜 가운데서 살겠다는 결심을 하고 하나님께 감사의 기도를 드렸다고 한다.

그때 갑자기 하나님께서 누나에게 뜬금없이 나를 찾아가 자신의 이름 예수를 전하라고 명하셨다고 한다. 그 말씀을 들은 미랑이 누나는 주님께 다른 사람은 다 될지 몰라도 그 동생은 워낙 완악해서 절 대로 전도가 되지 않을 거라고 말했으나, 주님은 내가 다 해 놓았으 니 너는 그에게 내 이름을 전해 주기만 하면 된다고 말씀하셨다고 하였다.

3년 만에 이태원 해밀턴호텔 커피숍에서 다시 만난 미랑이 누나의 얼굴은 하얀 너울을 쓴 것 같이 평안하였다. 이런 저런 얘기 끝에 미랑이 누나가 정색을 하고 내 얼굴을 보며;

"희진아, 나는 예수의 심부름을 왔다. 예수께서 네게 이름을 전하라 하시더라."

누나의 말을 알아듣지 못한 나는 '일본 친구 중에 예수라는 친구는 없는데……'라고 중얼거리다가 갑자기 누나 목에 걸린 십자가 목걸이가 눈에 들어왔다. 그리고 머릿속으로 떠오른 하나님의 아들 예수의 이름;

– '아! 그 이름 예수!'

그 순간 커다란 돌이 머리를 내려치는 것 같았다. 내가 미처 알지도 못한 하나님의 아들 예수께서 자기의 이름을 전하라고 하셨다는 말은 큰 충격이 아닐 수 없었다. 그런데 더 흥미로운 것은 그곳에 나올 때까지도 염불을 되뇌며 염주를 손에 들고 있었음에도, 아무런 거리낌 없이 믿음의 고백이 터져 나왔다.

"미랑 누나, 나 예수 믿을래요! 예수는 다시 살아났다니 나 예수 믿을랍니다. 우리 엄마가 평생 부처를 믿고 빌고 빌어 나를 낳았는데, 내 인생이 이게 뭡니까. 그런데 예수는 다시 살아났다니 나도 예수 믿을게요!"

그 순간부터 내 눈에서는 삼십 년의 고통의 눈물이 주체할 수 없을 정도로 쏟아졌다. 그 무엇으로도 용서받을 수 없는 죄책감이 모두 씻겨 내려가는 듯한 특별한 체험이었다. 그 순간의 회심으로부터 산 소망으로 가득 찬 새로운 인생이 시작된 것이다.

내게 용서라는 말이 필요했던 것 같다. 어머니의 시신 앞에 눈물을 쏟으며 진심으로 용서를 빌었어도 이미 눈을 감으신 어머니는 답이 없었다. 아마 어머니의 숨이 조금이라도 남아 있었다면 그 순간에도 어머니는 불효 아들을 용서하셨을 것이다. 그러나 용서를 빌 상대를 찾지 못한 나의 영혼은 용서를 받지 못한 채 살아갈 소망을 상실하였고, 하루하루 살아 있는 송장처럼 거적때기 인생을 살았다. 생존 감을 상실한 채 하루하루를 그냥 산 것이다. 살아도 사는 것이 아니었다. 그런데 단 한마디의 고백으로 내 영혼을 덮고 있던 죽음의 너울이 순식간에 걷힌 것이다.

참으로 신비한 순간이었다. 큰 돌을 맞은 듯, 갑자기 바보가 된 것 같았다. 사람의 눈에서 그렇게 많은 눈물이 쏟아질 수 있다는 것을 처음 알았다. 죄 때문에 어머니의 영정 앞에서도 눈물을 쏟지 못하였는데, 내 죄를 용서받았다는 확신과 함께 쏟아지는 회개의 눈물과 함께 기쁨과 평안이 가슴속으로 밀려들기 시작했다. 이는 마치 썩은 육체 안으로 밀려드는 또 다른 생명과도 같았다.

- 정결함
- 영혼의 자유
- 모태 이전의 평안
- 가슴 깊은 곳에서 솟아오르는 기쁨

예수를 믿겠다고 고백하고 난 후 가슴속에 쌓였던 모든 저주가 한순간에 풀어지는 것 같았다. 어디로부터 왔는지 알 수 없는 기쁨과 평안이 마음으로 가득 차기 시작했다. 그때로부터 남들이 기이하게 생각할 정도로 열광적인 신앙생활이 시작됐다.

그러나 예수를 영접하고 열정적인 믿음 속에서도 동성애 성향은 변하지 않았다. 그 후로 눈물을 흘리며 주를 향한 열정적인 믿음 생활 속에서도 동성을 향한 육체의 욕정은 달라지지 않았다. 어쩌면 내 영혼은 굶주린 이리처럼 육체의 먹이를 찾아 헤매고 있는 것 같았다. 더 괴로운 것은 천신만고 끝에 예수를 만난 나에게 아무도 예수를 가르쳐 주지 않았다. 그냥 내 영혼의 기쁨에 밀려 예수를 믿은 것이다. 내 영혼의 위로는 그것만으로도 충분했다.

그러나 날이 갈수록 내 신앙의 열정은 다른 방향으로 움직이기 시작했다. 드디어 종교 활동이 시작된 것이다. 종교 활동은 그냥 생기지 않는다. 사람의 영혼을 지배할만한 열정적 예배가 그 중심에 서 있어야 한다. 그것은 곧 사람이었다.

그 누구도 내게 육신적 생활에 변화를 가져야 하는 것이 영적 생활이라는 아주 기초적인 복음의 원리도 가르쳐 주지 않았다. 네가 예수를 믿었으니 너는 죄 사함을 받았고, 구원을 받았으니 죽어도 천국에 간다. 그러니 너는 교회에 충성하고 순종하여 축복을 받아야 한다는 메시지만이 쏟아질 뿐이었다. 그 속에서 나는 "아멘! 아멘!" 하며 하늘에서 쏟아지는 축복을 고대하고 있었다. 그러함에도 내 영혼이 주를 기뻐했던 것은 은혜 중의 은혜가 아닌가 싶다.

그렇다고 내가 구원을 받지 않은 것은 아니다. 내가 믿는 순간 하나님의 자녀가 되었고, 내 영혼은 예수 그리스도의 구속의 은혜를 체험하고 있었다. 그 어떤 상황에도 내가 하나님의 자녀가 된 것은 변하지 않는 진리였다. 오! 주님 감사합니다. 주님이 이기셨습니다.

예수쟁이 동성애자

내 생애 처음 출석한 교회는 당시 가장 부흥하던 여의도순복음교회다. 그 당시 조용기 목사님과 최자실 목사님은 성령운동과 치유로 세계적인 명성을 날리고 있었다. 기회가 있을 때마다 많은 목사들에게 기도를 받았는데, 그들은 모두 내가 동성애 귀신에 들렸다고 말했다.

기도원에서 만난 어떤 목사는 군대 귀신에 잡혔다고 하며 등을 사정없이 내려치며 귀신을 내쫓는 축사의식을 멈추지 않았다. 그럴 때마다 나는 "아멘! 아멘!" 하며 입에서 거품을 쏟아냈다. 그들의 말처럼 동성애 귀신이 들린 것으로 알고 있었다. 그들이 귀신을 쫓아낼 때마다 귀신이 조금씩 나가는 것으로 믿었다. 하지만 감격의 눈물을 흘리며 외치고 아멘을 외쳤지만, 그 어떤 종교적 의식과 믿음의 고백도 내 안에 도사리고 있는 동성애를 끊어내지는 못했다.

그리고 그 당시 내 믿음 속에는 동성애를 벗고자 하는 의지도, 또한 그 더러운 옷을 벗어야 한다는 절대적 소망도 없었다. 어려서부터 삶이 된 동성애는 이미 나의 인격이 되었고 동성애의 매력은 내 인생을 송두리째 지배하고 있었기 때문에 벗어야 할 필요성을 느끼지도 않았고 또 벗어야 할 죄라고 말해 주는 사람 또한 없었다. 그냥 종교의식에 참여하므로 하나님의 위로를 받고 싶은 것뿐이었다. 이러한 잘못된 종교적 폐습은 오늘날까지도 교회 안에서 악순환이 되고 있다.

'리애(李愛)마마'

"하얀 스모그가 새벽안개처럼 무대 위로 차오르기 시작하면 뱀처럼 차디찬 눈동자 위에 악마의 신비가 진을 치기 시작했다. 이태원의 밤이 깊어질수록 리애마마의 환상은 뜨겁게 불타고 있었다."

"만약 주께서 살아계시면 저를 5년간만 축복해 주세요. 만약 주께서 저를 축복하여 성공한다면 5년 후에는 모든 걸 다 정리하고 오직 당신만을 위해 살겠습니다."

이 말은 내가 교회에 첫발을 내디뎠던 예배 중에 나온 첫 번째 기도다. 흥미롭게도 이 기도는 작심을 하고 한 것이 아니라 예배의식 중에 통성기도 속에 떠밀려 순간적으로 터져 나온 것이다. 그 당시 나는 이 기도가 서원기도라는 것을 알지 못했었다.

그 당시 절박한 상황 속의 기도를 하나님께서 들으신 것인지 알 수 없지만, 흥미롭게도 그때부터 한국 최초로 오픈된 여장남자 클럽 게이바 "열애클럽"은 날이 갈수록 번창해 갔고, 나는 열애클럽의 '리애(李愛)마마'라는 이름으로 게이들의 대모(代母)가 되었다.

사업이 번창하자 이태원에 여성전용 호스트 클럽 '라브라브'와 게이 호스트바 '젊은태양'을 오픈하고 또 200여 평이나 되는 성인전용 디스코텍 '프랑스마리아'를 오픈하기에 이르렀다. 또한, 종로3가 요정 골목에는 일본식당을 개업하였다.

사람들에게 호모라고 멸시받던 내가 당당히 커밍아웃하여 그 누구에게도 꺼릴 것 없이 유흥사업가로 변신한 것이다. 사업이 날로 번창하여 이촌동 현대 아파트와 이태원의 외국인전용 아파트 청화맨션을 사고 최고급 승용차를 끌며, 이태원의 밤의 황제처럼 활보하기 시작했다.

아파트 열기를 타고 이태원의 밤은 날마다 뜨거워갔다. 술과 밤의 쾌락을 즐기는 사람들은 이태원으로 몰리고 있었다. 20여 개의 성인 디스코텍은 물론 청소년클럽까지 넘쳐나기 시작하였다. 클럽들은 서로 고객을 유치하기 위해 각양각색의 쇼를 도입하기 시작하였다. 그중에 가장 인기 있는 쇼는 단연 트랜스젠더들의 패키지 쇼였다. 이렇게 되자 서울 각 지역과 부산 대구의 클럽 사장들이 트랜스젠더 쇼 유치작전에 나섰다. 결국, 나는 게이 전문 프로덕션까지 손을 대기 시작하면서 거리를 배회하는 동성애자들을 모집하여 트랜스젠더 패키지 쇼를 일본과 각 지방에 공급하기에 이르렀다.

연휴가 낀 토요일 밤이 되면 클럽 4곳의 매상이 3천만 원에 이르렀다. 사람들은 나를 보고 유흥업의 귀재라고 하였다. 손을 대는 업소마다 성공하였기 때문이다. 그러나 이태원의 밤이 깊어질수록 나의 신앙은 점점 식어갔고 동성애자로 사는 생활은 더욱 화려하게 발전되어 갔다.

어느새 나는 사회적 편견 속에 얼굴을 가리고 살아가는 동성애자가 아닌 유흥업계의 큰손으로 부상하였으며, 그 당시 여장남자라고 칭하는 오늘날 트랜스젠더의 대모의 위상 속에서 그 교만함은 하늘 높은 줄 모르고 치솟고 있었다. 나의 교만은 마치 그날을 위해서 하나님께서 나를 동성애자로 창조하신 것 같은 착각에까지 이르렀다.

화려한 조명 아래 펼쳐지는 트랜스젠더 클럽 열애의 패키지 쇼는 가히 장안의 화제였다. 열애클럽이 한국일보 지면에 대문짝만하게 보도되는 바람에 경찰의 단속으로 한 달간이나 문을 닫은 일도 있었지만, 열애클럽은 유명 연예인을 비롯한 명사들이 출입하는 서울의 명소가 되었다.

사업이 번창하자 수많은 게이들이 취업을 하기 위해 찾아 왔고, 그들에게 춤과 노래를 가르치기 위해 연습실까지 갖추게 되었다. 열애클럽은 일본관광 가이드북에까지 소개되어 일본인들이 즐겨 찾는 관광명소가 되었다. 이처럼 열애클럽이 장안의 명소로 자리 잡게 되자 나는 본격적인 패키지 쇼를 기획하기 위해 일본과 필리핀을 답사하기에 이르렀고, 무대의상에 필요한 재료를 구하기 위해 홍콩까지 나갔다.

또한, 게이바의 천국이라 불리는 일본에까지 열애클럽의 소문이 자자하자 동경과 오사카의 술집 사장들이 체인점을 개설하기 위해 나를 찾아 왔고, 나는 동경 신주쿠 가부키초와 오사카 미나미마치에까지 열애클럽 분점을 차리게 되었다. 밤이면 밀려오는 고객들로 인해 열애클럽은 갈수록 화려해졌고, 이태원에 게이바 열풍이 일자 보카치오, 클레오파트라와 같은 군소 게이바가 하나둘씩 생겨났다. 그들은 과거 명동과 충무로에서 의상실을 하던 동료들로서 의상실 문을 닫고 게이바 마마로 전향한 것이다.

어느새 열애클럽은 유명 연예인들과 정치인, 재계 인사들까지 즐겨 찾는 명소가 되었다. 그 상황이 되자 나는 어쩔 수 없이 테이블에 들어가 고객을 맞지 않으면 안 되었다. 그 당시 거리를 배회하던 게이들은 고등학교도 졸업하지 못한 채 동성애 생활에 빠진 아이들이 태반이라 상류층 고객들과 조화를 이루는 대화를 해내지 못하였다. 또 고객들도 나를 테이블로 불러내기 시작했다. 할 수 없이 나는 연극학교 시절 배웠던 솜씨를 발휘하여 게이틱한 분장으로 객석에 나가기 시작했다. 모든 손님을 맞은 건 아니지만, 나의 독특한 분장과 화술은 명사들의 술자리를 더욱 빛내 주었다.

열애클럽 메인 스테이지에는 리애마마의 스페셜 쇼가 펼쳐졌다. 나는 기모노 분장을 하고 일본 최고의 엔카 가수 미소라 히바리(美空ひばり)의 '링고노 하나비라'(りんご追分)를 립싱크로 열창하든가,

인간문화재에게 어깨너머로 사사 받은 살풀이춤으로 무대를 채웠다. 내가 무대에 올라서면 서서히 무대막이 올라가며 회전무대가 돌기 시작했다. 하얀 스모그가 새벽안개처럼 무대 위로 차오르기 시작하면 뱀처럼 차디찬 눈동자 위에 악마의 신비가 진을 치기 시작했다. 이태원의 밤이 깊어질수록 리애마마의 환상은 뜨겁게 불타고 있었다.

사람의 교만이 정상을 향해 오르기 시작하면 그 끝이 이르기까지 결코 멈추지 않는다. 세상은 온통 자기를 위해 만들어진 것 같고 주변의 사람들은 모두 나를 위해 존재하는 것 같아 보인다. 돈은 쓰는 것만큼 가치를 발휘하고 돈의 위상은 결코 그 가치를 배반하지 않는다. 그때가 되면 추락의 손이 나타나기 전까지 그 누구도 그 사슬에서 벗어나지 못한다. 이처럼 날이 갈수록 리애마마의 밤은 점점 깊은 수렁으로 빠져 들어갔고, 밤의 열정 속에서 사단은 리애마마를 여자로 만들어가고 있었다.

개구리 올챙이 적 생각을 못한다고 죽음의 고통 속에서 예수의 이름을 부르며 하나님 앞에 살려 달라고 서원했던 5년이 훨씬 지났지만, 나는 여전히 하나님이 미워하시는 더러운 삶을 정리하기는커녕 오히려 게이들과 관련된 사업 확장에 더 열중하고 있었다. 이렇게 게이바 사업은 부산, 대구, 동경과 오사카에 이르기까지 확장되어 갔다.

하나님의 나침판

"이제 내가 더 쓸 시간은 남지 않았다. 이제 나의 남은 모든 시간은 또 다른 천사에게 넘겨져 하나님 앞에 약속을 어긴 내 인생에 진노의 잔이 부어지기 시작했다."

그럼에도 하나님의 시간은 멈추지 않았다. 만약 누가 그 어떤 상황에서도 하나님의 아들 예수 그리스도의 이름을 상실치 않았다면 그의 주인은 결코 그를 버리지 않는다. 그의 아들의 피가 그를 보증하고 있기 때문이다. 그래서 그리스도의 시간이 이를 때까지 우리는 더 기다려 주어야 한다.

밤의 열기 속에서 하나님 앞에 서원했던 5년의 태엽은 이미 다 풀려버렸다. 더 이상 쓸 시간은 남지 않았다. 하나님이 축복하신 것인지, 아니면 마귀가 축복한 것인지 알 수는 없었지만, 5년 동안 나는 엄청난 돈을 벌었다.

그 당시 나는 '사람이 예수를 믿으면 그가 무엇을 하든 축복을 받는구나.'라고 믿고 있었다. 그래서 나는 내가 운영하는 클럽의 종업원들은 무조건 교회를 나가야 하는 원칙을 세우고 매주 금요일은 목사님을 모시고 구역예배를 드렸다.

그러나 이제 내가 더 쓸 시간은 남지 않았다. 이제 나의 남은 모든 시간은 또 다른 천사에게 넘겨져 하나님 앞에 약속을 어긴 내 인생에 진노의 잔이 부어지기 시작했다. 그 시작은 바로 에이즈로 시작되었다.

에이즈가 한국에 등장하면서 게이바는 찬바람이 불기 시작했고, 월셋집에서 거리로 쫓겨난 게이들은 연습실에서 합숙해야 하는 사태에 이르렀다. 라면집에서조차 문전박대를 당하자 아이들은 뿔뿔이 흩어지기 시작했다. 그래서 생각한 것이 성인 디스코텍이다. 더 이상 게이바를 운영할 수 없다고 판단했기 때문이다.

마침 180평의 성인 디스코텍이 1억2천에 매물로 나왔다. 나는 있는 돈을 다 털어 클럽을 인수하고, 아파트를 담보하고 사채를 빌려 인테리어를 하는 데 1억5천만 원을 투자하여 수리하기 시작했다. 참으로 무모한 도전이었다. 그런데 까마귀 날자 배 떨어진다는 말이 있듯, 수리도 끝나기 전에 이태원의 유흥업소 단속이 시작된 것이다.

그때만 해도 시절이 어리숙한 때라서 경찰서를 비롯한 각 기관에 인맥이 있어 위기를 잘 넘겨 왔었지만, 상부기관의 지시로 시작한 범죄와의 전쟁의 칼은 피해갈 수 없었다. 1차 단속 대상 명단에 오른 나는 7개 클럽 사장들과 함께 40여 일간 구치소에 수감되어 재판을 받고 벌금형으로 나왔다. 이는 내가 두 번째 겪은 구치소 생활이었다.

흥미롭게도 구치소 안에는 성적 위로를 받고자 하는 많은 사람들이 나를 기다리고 있었다. 이처럼 사람이 사는 곳에는 그 어떤 곳에도 동성연애는 통하였다. 또한 내게는 사람들을 성적으로 유혹하는 마력 같은 것이 있는 듯했다. 좁은 감방 안에서 밤마다 진풍경이 일어났다. 내가 배치된 감방에는 경제사범들이 여섯 명이 들어 있었고, 사기죄로 들어온 미끈하게 잘생긴 전도사가 방장을 맡고 있었다.

그는 아침마다 성경을 펴고 찬송을 부르며 예배를 인도하였다. 그러나 그도 밤이면 욕정에 불타는 거친 남자로 돌아섰다. 그는 나의 보호자처럼 붙어 낮이면 성경을 말하고, 밤이면 성적 욕구를 불태우고 있었다. 그때서야 가인의 족보는 하나님의 뜻에서 스스로 떨어져 나간 사람들의 이야기임을 알게 되었다.

구치소에서 만난 전도사는 내가 믿음의 첫날 순복음교회 출석했을 때 했던 기도는 하나님 앞에서의 서원기도이기 때문에 반드시 지켜야 한다고 하였다. 그렇지 않으면 하나님의 진노로 죽을 수도 있다고 하였다. 그의 말을 듣고 이제 밖에 나가면 모든 사업을 정리하고 신학을 하기로 작정했다. 어쨌든 40일간의 구치소생활은 나의 인생을 변화시키기 위한 두 번째 회심의 기회였는지도 모른다.

구치소에서 출감한 후 방배동에 있는 장로교 총회신학교에 입학하였다. 구치소에서 기도하던 중 하나님 앞에 서원한 것을 갚고자 하는 생각도 있었지만 마음 한편으로는 서원한 대로 신학을 하면 하나님께서 다시 살 길을 풀어주시지 않을까 하는 생각도 있었다. 그러나 생각과는 달리 사업은 갈수록 심각해졌고, 신학교도 중단할 수밖에 없었다. 물론 신학을 배우는 과정에서도 그 육신의 멍에는 벗겨지지 않았다. 그때까지도 나는 동성애는 타고난 것으로 인식하고 있었다.

진노의 잔

"그 당시 나는 동성애는 고칠 수 없는 타고난 본성이며, 다만 예수를 믿으면 영적 저주가 끊겨 천국에 갈 수 있다고 생각했다. 내가 만난 목사들도 그렇게 가르쳤다."

내가 구치소에 있는 동안 디스코텍의 수리는 중단되었고, 수입원이던 열애클럽을 비롯한 호스트 클럽마저 영업이 마비되면서 사채이자는 산더미처럼 불어나기 시작했다. 설상가상으로 교도소에서 출소한 이래 우울증에 사로잡혀 잠을 잘 수 없게 되자 도박에까지 손을 대 경제사정은 걷잡을 수 없이 악화되어 갔다.

사채에 쪼들리게 되자 이촌동의 현대 아파트와 이태원 청화맨션도 전세를 놓고 동생 집으로 옮겼다. 그러나 갈수록 세 개의 클럽은 문을 여는 날만큼 적자가 쌓이고 사채는 날마다 늘어갔다. 그렇다고 가게를 팔려고 내놓아도 이미 이태원은 집중단속지역으로 소문이 난지라 거리마저 한산하였다.

문을 열 수도 닫을 수도 없고 어디로 도망갈 수도 없는 상황에서 할 수 있는 모든 방법을 동원하여 피할 길을 찾았지만 갈수록 수렁이었다. 더 이상 나아갈 길도 없었고, 그렇다고 상황을 해결해줄 만한 구원투수도 없었다. 내 인생에 지진이 일어난 것이다. 이처럼 지진은 패역한 인생 속에서 끊임없이 일어나고 있다.

때마침 평소에 알던 동경 야쿠자로부터 신주쿠에 게이바를 창업하자는 연락이 왔다. 그의 제안은 울고 싶을 때 뺨을 맞는 것 같았다. 주저할 것 없이 동경으로 달려가 아카사카 프린스 호텔에 머물면서 일본 중견 엔카 가수이자 게이 친구였던 미카와 겐이치(美川憲一)와 만나 게이바를 창업하며 도움을 받기로 약속을 받아내고, 서울에 돌아가 이태원 사업장을 정리할 계획을 세우고 귀국 준비를 하는데 갑자기 서울에서 전화가 왔다. 내가 운영하던 디스코클럽 지배인으로 있던 건달들이 다른 업소 건달들과 패싸움이 붙어 살인사건이 일어난 것이다.

할 수 없이 귀국을 멈추고 사건이 잠잠해질 때까지 기다리며 일본에서 게이바 클럽을 오픈할 구상을 하였지만, 그 사건을 기점으로 경찰 당국은 범죄와의 전쟁을 선포하고 이태원 거리에서 유흥업소를 퇴출시키기 시작하였다. 들리는 소문으로는 전직 대통령의 아들들이 이태원 출입이 잦았기 때문이라고도 했다. 이로써 운영하던 세 개의 업소는 한 푼도 건지지 못하고 문을 닫게 되었다. 결국, 아파트 2채도 손쓸 틈도 없이 사채업자에게 넘어가고 졸지에 동경의 국제거지로 전락하고 말았다.

어쩌면 범죄와의 전쟁은 하나님의 계획이었을지도 모른다. 그 당시는 견딜 수 없는 고통이었지만, 오갈 곳 없이 국제미아가 된 내가 다시 하나님을 찾아 교회를 나가게 되었기 때문이다. 잠잘 곳이 없어 교회 의자에서 자기도 하며 어두운 지하 교회식당에 들어가 찬밥 덩이로 끼니를 때울 때도 있었다. 그 당시 인생의 고통을 이길 수 있었던 것은 하나님을 믿고 있었기 때문이다.

그러던 어느 날 기도 중에 내 귀에 "내가 땅 끝에서부터 너를 붙들며 땅 모퉁이에서부터 너를 부르고 네게 이르기를 너는 나의 종이라 내가 너를 택하고 싫어하여 버리지 아니하였다 하였노라"(사 41:9)라고 하신 이사야의 말씀이 들려왔다. 그 말씀은 나의 어두운 인생을 비추는 한 줄기 빛이었다.

제5부

/ 부 르 심 /

신주쿠의 천사
조용기 목사 예언
동경 호라이즌 채플

– 하나님의 비밀병기 –

"리애마마"는 지금도 동성애로 고통과 어두움 속에 살아가는 많은 사람들에게 희망을 주고, 탈동성애의 길을 제시하고 있다. 뿐만 아니라 동성애를 반대하는 그리스도인들에게도 동성애자들을 어떻게 대해야 할지를 깨닫게 한다.

한때 동성애자로 살았으나 부활의 주님을 만난 이요나 목사처럼 탈동성애하여, 거듭난 인생을 살아가는 그리스도인들이 이 땅에 많이 일어난다면, 현재 동성애 문제로 투쟁하고 있는 우리의 싸움은 승리한 싸움이 될 것이다. 탈동성애 형제들은 동성애를 유전적 혹은 선천적이라고 속이는 거짓말에 대한 가장 강력한 진리의 증인들이 될 것이기 때문이다.

그런 면에서 이요나 목사의 탈동성애운동은 대한민국의 동성애 문제에 대한 최종적 대안이다. 이요나 목사는 동성애 문제를 해결할 하나님의 비밀 병기가 될 것이기 때문이다.

안용운 목사
(온천교회, 바른성문화를위한국민연합 대표, 부산성시화운동 본부장)

신주쿠의 천사

"동경 신주쿠 한복판에서 만난 똥자는 천사였다."

이태원의 범죄와의 전쟁이 좀처럼 멈추지 않았고 내가 운영하던 클럽들은 모두 폐쇄되었고 일본에 거한 상황이라 검찰소환에 응할 수 없게 되자 기소유예형이 떨어져 수배자가 되었다. 5년간은 오도 가도 못하는 신세가 되어 동경의 국제 미아가 되고 말았다. 그렇게 되니 일본에서 다시 게이바를 하려는 꿈도 무산되었다. 그러던 중 다행히 성경을 읽게 되었고, 날로 신앙심이 깊어지면서 하나님께 서원한 대로 다시 신학을 할 마음을 갖게 되었다.

어느 날 주일예배를 마치고 나오는 교회 현관에서 이태원 열애클럽에서 일하던 똥자를 만났다. 그도 이태원 생활을 더 이상 할 수 없어 동경으로 들어온 것이다. 똥자는 얼굴은 못생겼지만, 말재간이 뛰어나 한국인 클럽에서 트랜스젠더로 일을 하고 있었다.

수년 전 이태원 열애클럽 시절 못생겼다고 아무도 받아주지 않던 똥자를 거두어 춤과 노래를 가르쳐 일할 수 있게 한 것이 복이 된 것이다. 똥자는 권사이신 어머니와 함께 주일마다 교회를 다녔었다. 서울에서는 못생겼다고 무시당하던 그가 동경의 거지로 전락한 리애마마를 돌보게 된 것이다. 똥자의 도움으로 나는 순복음신학원에 다닐 수 있었다.

그런데 또 문제가 생겨버렸다. 관광비자로 들어온 뚱자의 비자가 끊겨 다시 한국에 나갔다 와야 할 처지가 되었다. 나는 다행히 일본인 레즈비언 자매와 계약결혼을 한 터라 체류 비자를 받는 데 문제가 없었지만, 그 당시 일본은 외국인 불법체류 관계로 조사가 심하던 때였다.

뚱자는 3개월 일정으로 서울로 들어갔고, 나는 뚱자가 주고 간 몇 달 치 월세와 생활비로 하루하루를 지내고 있었다. 그런데 서울로 돌아간 뚱자가 욕실에서 샤워를 하다가 넘어져 뇌진탕으로 죽은 것이다. 나는 그때의 슬픔을 지금도 잊을 수 없다. 내 어머니가 돌아가셨을 때도 그렇게 울지 않았었다. 그 충격으로 나는 신학을 접었다. 하나님은 없다고 느껴졌기 때문이다. 하나님께서 내가 사랑하는 것은 다 빼앗아 가는 것 같은 생각이 들었다.

조용기 목사 예언

"내가 며칠 밤을 형제 때문에 잠을 이룰 수 없었습니다. 성령께서 많이 애통해 하셨습니다. 이제 모든 것 정리하고 신학을 하십시오. 형제는 주께서 택하시고 부르셨습니다. 내가 기도하겠습니다."

어느 날 서울의 동생 내외가 아이들을 데리고 동경에 찾아 왔다. 한국에 돌아오지도 못하고 단칸방에 초라하게 사는 나를 보고 동생 내외는 눈물을 흘렸다. 나 또한 천진난만한 조카 놈들을 보자 서러움이 솟아올랐다. 형으로서 큰아빠로서 아무것도 해주지 못하고 추한 모습을 보이는 것 같아 죽고 싶은 심정이었다. 이태원 시절 넉넉했을 때 동생에게 아무것도 해 주지 못한 것이 참으로 마음 아팠다.

동생은 그 길로 서울로 돌아가 7천만원을 보내며 무어라도 해서 재기하라고 하였다. 그러나 내가 할 수 있는 것은 게이바뿐이었다. 마침 동경에 들어온 열애 출신들 열 명을 모아 신주쿠 한복판에 열애클럽을 다시 열었다. 20평도 안 되는 작은 클럽이었지만, 서울 열애를 축소하여 동경에 옮겨 놓은 것 같았다.

그 당시 내가 가장 아끼던 세실리아, 미란이, 아자미를 비롯하여 이태원 열애클럽에서 쟁쟁했던 멤버들이 모두 모였다. 새로운 의상과 노래로 패키지 쇼가 올라가자 서울에서부터 친분을 다져온 술집 마마들의 주선으로 신주쿠 열애클럽의 밤은 흥청거렸다.

그런데 내 인생에 또 다시 제동이 걸렸다. 가게를 마치고 새벽에 들어가 잠을 자려 하면 밤마다 저승사자가 나타났다. 눈만 감으면 누가 와서 목을 조이는 거였다. 집에 들어가는 것조차 두려웠다. 잠을 자지 못하니 사람이 이상하게 바뀌기 시작했다.

그러던 어느 날 서울에서 온 예언을 한다는 권사님에게 기도를 받게 되었는데, 그분은 나의 과거를 모두 알고 있듯이 "너는 어째서 하나님과의 약속을 어겼느냐? 하나님이 너를 데려가시겠단다. 하나님 앞에 서원한 것 갚지 않으면 너는 곧 죽는다!"고 악담을 쏟아 내었다. 정말로 기가 막혔다. 클럽을 차린 지 6개월도 안 되었는데 이럴 수도 없고 저럴 수도 없었다.

그래도 가게를 접을 수는 없어 교회를 열심히 다니면 되겠지 하는 마음으로 작정 헌금을 하고 수요예배와 새벽예배까지 나갔지만 죽음의 사자는 내 침상을 떠나지 않았다. 어떤 애들은 굿을 해보라고도 했다.

그러던 어느 날 나고야순복음교회의 김유동 목사님이 동경순복음교회 집회에 오셨다. 김 목사님은 다음 주에 조용기 목사님이 나고야에 와서 일본 목회자 컨퍼런스를 인도하기 위해 오신다고 전해 주셨다. 나는 김유동 목사를 서울서부터 아는 터라 그 당시 상황을 소상히 말씀드리고 조용기 목사님의 기도를 받게 해달라고 부탁 하였다. 내가 꼭 신학을 하여야 하는지 정말 내가 하나님께서 부르신 종이 맞는지 조용기 목사님의 말씀을 따르기로 결정했다. 그 당시 순복음교회 성도들에게 조용기 목사님은 하나님의 대리자처럼 느껴졌던 때였다.

나는 조용기 목사님이 묵고 있는 나고야 힐튼호텔에 묵으며 사흘 동안 세미나에 참석했다. 조 목사님은 자녀들과 함께한 아침 식탁에 나를 부르시며 근황을 물으셨다. 평신도로서는 큰 축복이 아닐 수 없었다. 그동안 있었던 모든 상황을 들으신 조용기 목사님은 한 사람의 운명을 자신이 스스로 결정할 수 없는 것이니 하나님의 뜻이 무엇인지 기도해 보자고 하시며 삼 일간 세미나에 참석하라고 하셨다. 그럼에도 나는 밤마다 잠을 이루지 못하여 호텔 인근 게이바를 찾아야 했다.

세미나를 마치는 삼 일째 되는 날이었다. 수백 명의 일본 목사님들을 중심으로 열린 목회자 세미나가 끝나는 날이고 조 목사님은 워낙 많은 사람들과 만나는 관계로 따로 만날 틈을 얻지 못하였다. 어떻게라도 접근할 방법을 얻기 위하여 조 목사님의 눈에 띄기 좋은 자리를 찾아 앉아 있었다. 한 시간 남짓 되었을 때 로비 커피숍에서 일본인 목사님들과 말씀을 나누고 나가시던 조 목사님께서 나의 시선을 느끼셨는지 손짓하여 부르셨다.

조용기 목사님은 "내가 며칠 밤을 형제 때문에 잠을 이룰 수 없었습니다. 성령께서 많이 애통하셨습니다. 이제 모든 것을 정리하고 신학을 하십시오. 형제는 주께서 택하시고 부르셨습니다. 이제부터 내가 기도하겠습니다." 하시며 손을 얹어 묵언의 기도로 안수하셨다. 그렇게 되어 나는 동경으로 돌아와 게이바 열애클럽을 정리했다. 그리고 조용기 목사님이 추천하신 아시아교회성장연수원(ACGI)에 입학하였다.

동경 호라이즌 채플

"누가 보아도 나는 더 이상 동성애자가 아니었다. 머리와 복장이 단정해졌고 언행이 달라지기 시작했다. 그렇다고 완전한 변화가 이루어진 게 아니지만, 동성애와 관련된 생활을 더 이상 하지 않았다."

ACGI신학원에는 60여 명의 일본 형제자매들이 공부하고 있었다. 그 당시 일본에서는 상당히 비중 있는 신학교 중의 하나였다. 조용기 목사님이 일본인 일천만 구령을 위해 세우시고 이사장으로 계셨기 때문이다. 신기하게도 신학교에 입학하면서 거짓말처럼 잠자리가 편해졌다. 아침이 상쾌하고 하늘이 높아 보였다.

그 후부터 어둠의 세계는 거리를 지나치는 것조차도 거절했다. TV도 단절하고 일본어 성경 테이프를 항상 틀어 놓고 성경공부에 열중하였다. 간간이 머리 한편에서 유혹의 그림자가 어른대고 있었지만, 동성애 유혹을 극복하려는 굳은 의지와 연속된 믿음 생활의 스케줄들이 유혹의 틈을 메워 갔다.

ACGI신학원 2학년이 되던 해, 제2의 스승인 히라노 코오이치(平野耕一) 목사를 만났다. 히라노 코오이치 목사는 미국에서의

17년 목회를 마치고 일본에 돌아온 지 2년 되었다. 그는 감리교 출신 목사였으나 미국 코스타메사 갈보리 채플 척 스미스 목사를 만난 후 일본에 돌아와 동경 호라이즌 채플을 개척하였다.

히라노 목사의 강의는 다른 교수들과 달랐다. 목사님은 성령론을 가르치면서 성경 그대로를 강해하였다. 그 당시 나에게는 참으로 신선했다. 성경 강해를 들어본 일이 없었기 때문이다.

말씀에 매력을 느껴 히라노 코오이치 목사님이 시무하시는 동경 호라이즌 채플 예배에 참석해 보았다. 오십여 명이 채 안 되는 작은 개척교회였다. 네 명의 뮤지션으로 구성된 프레이즈 팀의 찬양과 함께 예배가 시작되었고, 특별한 예배의식도 없이 기도와 설교로 진행되었다. 그 당시 히라노 목사님은 에베소서를 강해하고 있었다.

예배가 끝나자 성도들이 모두 복도로 나와 준비된 차를 마시며 자유로운 교제가 이어졌다. 한국교회에서는 볼 수 없는 자유함이 느껴졌다. 복도 한쪽에는 설교 테이프 판매대가 비치되어 있었고, 창세기부터 2년 동안 설교한 테이프가 진열되어 있었다.

우선 창세기 강해 테이프를 사서 듣기 시작했다. 매일매일 창세기 강의를 들으면서 심령이 맑아지는 것 같은 느낌이 들었다. 깊은 설교는 아니었지만, 맑고 깨끗한 세미한 음성을 듣는 것 같았다. 설교를 들을수록 마음에 큰 위로가 되었다.

하루하루 히라노 목사님의 신구약 강해 설교 테이프를 말씀에 심취하게 된 나는 새로운 신앙생활에 돌입하게 되었다. 하나님을 아는 지식이 쌓이며 진리를 터득하는 영적 눈이 떠지기 시작한 것이다. 그때로부터 내 인생에 새 소망이 싹트기 시작한 것이다. 사는 것이 즐거웠고 말씀을 듣는 것이 신비했다. 말씀과의 만남 그 자체였다. "말씀이 육신이 되어 우리 가운데 계시니"라는 성경 구절이 내 혼을 사로잡고 있었다.

그렇게 말씀과의 교제 속에서 2년간의 생활은 하루 같이 빠르게 지나갔고, 날마다 말씀 안에서 새로운 삶이 펼쳐졌다. 누가 보아도 나는 더 이상 동성애자가 아니었다.

머리와 복장이 단정해지고 언행이 달라지기 시작했다. 그렇다고 완전한 변화가 이루어진 게 아니지만, 동성애와 관련된 생활을 더 이상 하지는 않았다. 삶 속에서 예수 그리스도의 빛이 내 영혼을 비추고 있는 것을 느꼈다. 잠을 자면서도 내 영혼이 살아서 움직이는 말씀을 감지하고 있었다. 영적 신비 그 자체였다. 그러나 심령 한 곳에는 여전히 동성애의 기운이 숨을 쉬고 있었다.

제6부

43살, 7월 4일생

무너집
신비의 체험
요나의 출발
경건생활의 신비

― 상처받은 치유자의 고백 ―

제가 개인적으로 이요나 목사님을 생각할 때마다, 자연스럽게 떠오르는 단어가 있습니다. 바로 '상처입은 치유자'라는 말입니다. 그는 스스로 고백합니다. '동성애'라는 단어를 보는 것만으로도 난도질당한 기억 곳곳에서 마치 피고름을 쏟아내듯이 가슴이 아려온다고…….

자신도 한때 상처를 겪었기에, 그 상처의 아픔을 너무나 잘 아는 것입니다. 그럼에도 불구하고 이요나 목사님의 사명은 자신의 상처와 애통함을 통해, 진정으로 동성애자들의 아픈 상처를 만져주는 것입니다. 자신을 변화시킨 하나님의 사랑을 통해 탈동성애 사역에 전적으로 매진하는 것입니다. 이요나 목사님의 기도대로, 이 책을 통해 많은 동성애자들이 주님께로 돌아오는 역사가 이루어지길 간절히 바랍니다.

김은호 목사 (오륜교회 담임)

무너짐

"다시 넘어지는 순간에는 내가 몇 년을 참았건, 아니 평생을 참아 왔었다고 한들 그것은 위로가 되지 못한다. 화살은 이미 머리 위로 떠났고, 잡을 수 없는 화살이다. 화살은 처음부터 음부로 향하고 있었다."

1991년 7월 4일, 금요일. 며칠 전부터 쏟아지는 빗줄기는 허망함으로 가득 찬 나를 더욱 잔인하게 짓눌렀다. 그렇다고 통곡할 수 있는 상황도 아니다. 하늘이 닫히고 수천 길 지옥 끝으로 떨어진 상황이다. 끝이 보이지 않는 음부로 무너져 내린 느낌이다.

예수를 믿은 후 처음으로 느껴보는 영적 좌절감이었다. 어디서부터 무엇을 어떻게 해야 할지몰라 실마리를 놓친 상태였다. 달콤한 찰나의 기억과 함께 내 영혼은 음부로 내동댕이쳐 있었다. 하나님을 믿는 내 마음으로도 육체의 반역을 멈출 수 없었다는 것이 한없이 슬펐다. 로마서 7장이 머릿속에서 통곡하고 있었다.

이유는 간단했다. 어느 날 갑자기 예고도 없이 서울에서 Y가 찾아왔다. Y는 과거 리애마마 시절의 정인(情人)이었다. 그러나 Y는 동성애자가 아니다. 그 형제는 동성애자가 될 수 없는 성정을 갖고 있다. 나 또한 그 형제를 섹스 파트너로 삼지 않았다. Y의 온순한 성품은 너절하게 상처 난 나의 심령을 위로하기에 충분하였다.

내가 Y를 만났을 때 그는 19살이었다. 그는 가정 형편상 집을 나와 거리를 배회하고 있었다. Y를 처음 만난 곳은 명보극장 뒷골목 게이바 근처에 있는 일반 호프 카페였다. Y는 그곳에서 DJ 겸 카운터 바를 맡고 있었다. 그곳은 조용하고 음악이 좋아 게이들도 종종 가는 곳인데 Y가 온 이후로는 입소문이 나서 게이들이 몰리기 시작했다. 그러나 Y는 결코 게이들과 관계를 갖지 않았다. 그렇다고 재담이 있는 것도 아니다. 얼굴이 준수하고 과묵하여 그냥 옆에 앉아 있어도 기분 좋은 청년이었다.

나는 그런 Y가 무작정 좋았다. 그를 만나는 것만으로 유쾌하였기 때문이다. 마음이 울적할 때마다 틈만 나면 Y를 만나기 위해 그가 일하는 카페를 찾았다. 새벽 2시까지 문을 여는 호프집 수준의 카페였지만 Y를 만나러 오는 고객들로 심야가 되면 더욱 분주했다. 그 당시 Y에게는 여자 애인이 있었다.

Y를 만난 지 일 년 정도 되던 어느 날 새벽, 열애클럽 문을 닫을 무렵 전화벨이 울렸다. 술 취한 Y의 목소리였다. 무슨 일인가 싶어 그가 있는 곳으로 달려가 보니 Y는 이미 정신을 차릴 수 없을 정도로 술에 취해 있었다. 대화를 할 수 없는 지경이었다. 할 수 없이 택시에 태워 호텔로 데려다 놓고 집으로 돌아왔다.

그 다음 날 오후 Y와 함께 호텔 사우나로 내려갔다. 사람이 마음을 털어놓고 이야기할 수 있는 곳은 사우나가 좋다고 생각했기 때문이다. 지금도 마음 터놓고 이야기 할 사람을 만나면 사우나를 찾게 된다. 목욕탕 안에서 서로 벗은 몸을 마주하고 말을 하다 보면 서로 가림이 없이 솔직해질 수 있기 때문이다.

Y는 더 이상 술 파는 카페에서 일을 하기 싫은데 딱히 할 일이 없다고 말하며 돈을 벌고 싶다고 하였다. 게이들의 유혹도 참기 힘들다고 하였다. 그는 누구에게도 자기 개인사를 선뜻 말하지 않는 과묵한 성격이었지만 그날은 가정환경으로 파괴된 자기 인생에 대한 아픔을 토로하였다. 그에게서 시대를 잘못 만난 청년의 아픔을 느꼈다. 이미 전부터 그에게 호감을 갖고 있었던 터라 그의 말을 들으면서 도와주어야겠다는 생각이 들었다.

사실 그 당시 우리 집에는 클럽의 음악을 담당하는 젊은 청년들이 몇 명 입주해 있었다. 그들 또한 거리를 배회하던 청소년들이었다. 그들은 모두 집을 나온 터라 거주할 곳이 필요했고 또한 워낙 외모가 출중한 미소년들이라서 유혹의 거리에 풀어 놓을 수 없는 아이들이었다. 그들은 모두 나의 동성애 성향을 이해하였고 클럽의 업주보다는 형제와 같은 정인(情人)으로서의 관계를 갖고 있었다.

때마침 열애클럽을 확장하고 또 대형 디스코텍을 준비하던 터라 쇼 제작을 위한 디렉터와 DJ들이 필요했다. 우선 Y에게 열애클럽의

DJ를 맡는 조건으로 지금까지의 모든 생활들을 정리하고 다른 DJ들과 함께 청화맨션으로 입주하는 것을 원칙으로 하였다.

그날부터 Y는 다른 청년들과 함께 리애마마의 마음의 정인(情人)이 되어 개인 비서와 같은 역할을 하게 되었다. Y는 성격이 완고해서 나의 성적 파트너로 함께 살기를 요구하였다면 결코 입주하지 않았을 것이다. 우리는 서로의 자존심을 지키며 호형호제하는 정인(情人)의 관계를 유지했다.

그렇게 한집에서 7년 이상을 살던 Y가 동경에 들어온 것이다. 그에게 동경은 첫 나들이였다. Y는 그 당시 정부 차원의 이태원 정화 작업이 시작되자 클럽생활을 정리하고 한 살 터울 형과 함께 한남동 대학가에 일본식 선술집 '이자카야'를 오픈했다. 그리고 머리도 식힐 겸 또 일본의 이자카야를 답사하기 위해 동경에 들어온 것이다.

동경에서 옛 정인(情人)과 5년 만의 재회는 그동안 절제된 마음이 유혹받기에 충분했다. 그러나 그때까지만 해도 절대로 넘어질 수 없다는 믿음의 의지를 갖고 있었다. 또한, Y 역시 내가 동성애자의 생활을 정리하고 이미 신학을 하는 것을 아는 터라 여행 가방을 맡겨 두고 동경에 기거하고 있는 친구들을 찾아 나갔다.

일본에 거하는 그의 친구들은 대부분 과거 이태원에서 내가 운영하던 호스트클럽 '라브라브' 출신들이다. Y는 일주일간 술독에 빠졌던 것 같다. 그의 친구들은 그 당시 유행하던 한국인 호스트 클럽에 나가고 있었기 때문이다. 또한, 신주쿠 가부키조의 한국 술집에는 Y를 아는 많은 아가씨들이 일을 하고 있었다. Y가 머물던 그 날 저녁부터 동경의 밤은 더욱 질퍽해졌을 것이다.

Y는 귀국일 하루를 남기고 밤늦게 나를 찾아왔다. 몇 날 며칠을 술판 속에서 지낸 Y는 심한 독감에 걸려 있었다. Y 형제는 이태원 시절 리애마마와 수년을 함께 살아온 정인(情人) 관계였지만 이제 나는 복음을 위해 헌신한 신학생으로 그리스도 안에서 그는 형제일 뿐이었다. 물론 아직은 동성애를 벗어났다는 확신은 없었지만, 내 의식 속에는 더 이상 동성애의 더러움에 얽힐 수 없다는 굳은 의지를 갖고 있었다.

Y는 심한 독감으로 고열에 시달리며 편도까지 부어 있었다. 그에게는 따뜻한 온돌이 필요했으나 일본은 온돌이 없기에 히터를 틀어야만 했다. 이불을 두 겹이나 덮었지만, Y는 추위를 견디지 못하고 심하게 떨고 있었다. 이불 두 장을 그의 침대에 덮어 주다 보니 내가 덮고 잘 여벌 이불이 없었다. 그렇다고 2인용 좁은 소파에서 잘 수도 없는 노릇이었다. 또한, 그때까지는 그 어떤 유혹도 느낄 수 없었다.

Y는 고열로 자꾸 이불을 차버렸다. 옆에서 한두 번 챙겨 주다가 할 수 없이 침대 속으로 들어갔다. 술에 만취한 Y는 오한으로 떨고 있어 침대 속을 따뜻하게 해줄 필요가 있었다. 내가 침대로 들어가자 Y는 따뜻함을 느꼈는지 품으로 파고들었다. 어쩌면 그는 나를 전날 밤 함께했던 여인으로 착각했을 수도 있겠지만, 문제는 나에게 있었다. 그런 상황에 도달하자 수년간 지켜 온 육체의 절제의 빗장은 미끄러지듯이 풀려버렸다.

다시 넘어지는 순간에는 몇 년을 참았건, 아니 평생을 참아 왔었다고 한들 그것은 위로가 되지 못한다. 화살은 이미 머리 위로 떠나 잡을 수 없게 되었다. 화살은 처음부터 음부로 향하고 있었다. 어쩌면 나의 심령 속에는 그 순간을 놓치고 싶지 않은 마음이 도사리고 있었는지도 모른다. 그것이 비록 불륜이라 할지라도 욕정의 순간은 태워도 태워도 타지 않는 욕정의 불꽃이다. 호흡이 멈추기 전까지 불타는 육체는 절대로 만족을 모른다.

그 상황에서는 누구도 어쩔 수 없었을 것이라는 말은 순전히 변명일 뿐이다. 그 상황이 어떠했든 나타난 결과에는 그 어떤 이유도 변명도 용납되지 않는다. 중요한 건 단 한 순간의 유혹 앞에 2년간의 정결의 시간들이 모두 물거품이 되었다는 것이다. 사단에게는 바늘 틈만큼이라도 빌미를 주어서는 안 된다. 마귀는 나를 넘어뜨릴 기회를 찾고 있었기 때문이다.

Y가 돌아간 다음, 걷잡을 수 없는 죄책감과 자괴감이 몰려오면서 수치를 감출 곳을 찾으려 하나 어둠마저 피해 가는 것 같았다. 차라리 죽는 것이 낫다는 생각마저 들었다. 내 마음속에 동성애는 그 어떤 것으로도 고칠 수 없는 고질병이며, 배냇병신과 같이 타고난 저주라는 생각마저 들었다. 생각이 여기에 이르자 이제 더 이상 바보 같은 생활을 할 필요가 없다고 생각되었다. 이렇게 된 바에야 차라리 팔자대로 살자 그 누가 뭐라고 해도 내 인생은 결국 내 몫이 아닌가 하는 생각이 들었다.

Y가 떠난 후 2년 동안이나 끊었던 담배를 다시 피우며 비디오를 틀고 밤을 지새웠다. 비디오를 보는 것은 아니었지만, 사람 목소리를 듣지 않으면 뼛속까지 엄습하는 죽음의 적막감을 견딜 수 없을 것 같았다. 그 무엇으로도 추락한 영혼을 위로할 길이 없었다.

성경은 이미 가방에 넣어진 채 보이지 않는 곳으로 던져졌다. 마음은 회개하려는 의지보다는 이제부터라도 사람 냄새 나는 것처럼 살자는 생각으로 가득 찼다. 청소년기의 반항 같았다. 어쩌면 내가 지은 죄를 하나님이 방심한 탓이라고 돌리고 싶었는지도 모른다. 이처럼 인간은 한순간에 악마가 되어간다.

2년 동안의 정결한 성도의 생활이 무너지는 처참한 시간이었다. "개가 그 토하였던 곳에 돌아가고 돼지가 씻었다가 더러운 구덩이에도로 누웠다 하는"(벧후 2:22) 것과 같았다. 하나님을 향한 소망들이 한순간에 무너져 내렸다. 그날은 어머니께서 숨을 거두신 날보다 더 고통스러웠다. 어머니께서 그렇게 떠나지 않았다면 아마 나는 그때 자살했을 것이다. 장대 같은 비가 사흘 동안 퍼붓는 동안 내 영혼은 잠을 이루지 못한 채 애통하고 있었다.

"오호라 나는 곤고한 사람이로다 이 사망의 몸에서 누가 나를 건져내랴" (롬 7:24)

 그날 저녁 톰크루즈 주연의 '7월 4일생(Born on the Fourth of July)' 비디오를 보았다.

신비의 체험

"홀연히 하늘로부터 급하고 강한 바람 같은 소리가 있어 그들이 앉은 온 집에 가득하며 마치 불의 혀처럼 갈라지는 것들이 그들에게 보여 각 사람 위에 하나씩 임하여 있더니"(행 2:2-3)

43살의 7월 4일 금요일 저녁, 뜬눈으로 밤을 지새운 후 이제 신학교를 정리하고 신주쿠의 열애클럽을 다시 시작해야겠다는 생각으로 옛 동료를 만나러 집을 나섰다. 그런데 흥미롭게도 버스는 가부키 거리 방향이 아닌 신학교를 향하고 있었다. 어느덧 나의 몸이 선한 습관에 젖어 있었던 모양이다. 씁쓸한 미소를 지으며 이왕 내친 김에 히라노 코오이치 목사님께 작별 인사는 해야겠다는 생각으로 신학교로 향하였다.

20여 분 정도 늦게 강의실에 들어선 나는 조용히 뒷좌석에 앉았다. 그때 흑판에 쓴 '악령을 쫓으시는 예수 그리스도' 라는 타이틀이 눈에 들어왔다. 그 제목을 보는 순간 갑자기 마음속에서 '그런데 왜 나는 아직도 이 모양인 건가요?' 하는 울부짖음이 터져 나왔다. 하나님을 향한 죄인의 절규와도 같았다.

그 순간 미처 무엇을 생각할 거를도 없이 갑자기 강렬한 어떤 힘이 엄습하며, 나의 자아는 이 세상이 아닌 또 다른 공간 속으로 끌려갔다, 몸은 현실 세계 속에 있는 것 같은데, 내 자아는 분명 또 다른 공간을 체험하고 있었다.

그 순간 스스로 통제할 수 없는 눈물과 콧물이 쏟아지며 모든 땀구멍에서 무엇인가 빠져나가는 듯한 압력이 느껴졌다. 의지가 통제된 채 아무것도 할 수 없이 어떤 힘의 역사가 멈추기를 기다려야 했다. 그런 속에서도 분명한 것은 나의 자아가 살아 있다는 것과 현실이 아닌 다른 세상에 있다는 의식이 있었다. 바울이 말한 바와 같이 내가 몸 밖에 있었는지 몸 안에 있었는지 뚜렷한 구분이 되지 않는 순간이었다.

많은 시간들이 지나는 것 같았다. 어쩌면 내가 살아온 날수를 세는 것과도 같았다. 통제할 수 없는 상태에서 거대한 토네이도에 휩쓸린 것 같은 나사 모양의 검은 구름기둥이 하늘로 치솟아 올라가고 있었다. 그것은 분명 내 몸에서 나가고 있음을 내 영이 인식하였다.

마치 거절할 수 없는 불가항력의 능력에 의해 내 몸을 지배하고 있던 더러운 영들이 앞을 다투며 쫓기듯이 빠져나가고 있었다. 어미의 혼백을 담아 하루하루를 세며 악으로부터 탈출하기 위해 몸부림쳐오던 굴욕의 고통이 한순간에 벗겨져 나가는 신비의 순간이었다.

얼마나 되었을까? 가늠할 수 없는 시간이 흐른 후 순간 "다 되었다!"는 음성이 들려왔다. 그 목소리는 귀로 들려오는 것이 아니라 영으로 전달되는 초자연적 인식이었다. 그 순간 이 세상에서는 한 번도 체험해 보지 못했던 신기한 능력이 영혼 속으로 스며들며 감당할 수 없는 평안과 기쁨이 가득 차 왔다. 새삼 성령 충만의 의미가 깨달아 왔다.

이 순간에 느껴지는 평안과 기쁨을 무엇으로 표현할 수 있을까? 바울 사도는 "그의 신기한 능력으로 생명과 경건에 속한 모든 것을 우리에게 주셨으니 이는 자기의 영광과 덕으로써 우리를 부르신 자를 앎으로 말미암음이라"(벧후 1:3)라고 증거하였다. 이 능력이 있음으로 우리가 정욕을 피하여 거룩하신 '신의 성품'에 참예할 수 있는 것이다.

- "이제 다 되었다!"

마음속으로 들리는 하나님의 음성을 듣는 순간 하나님께 의문을 털어놓았다.

- "주님, 이렇게 간단한데, 어찌해서 43년 동안이나 내버려 두신 건가요?"

마음속으로 주님의 답변이 들려왔다.

- "내가 이스라엘을 사랑하여 430년 동안 애굽에서 징치하였노라."

흥미롭게도 나의 이성은 그의 말씀을 이해하고 있었다. 멈추어진 찰나의 시간에서 선문답을 주고받는 느낌이었다. 다시 물었다.

- "내가 하나님을 모르던 시절은 그렇다 치고, 예수를 믿은 지가 12년이 되었는데 어찌 그대로 두셨나요?"

하나님은 동일한 어법으로 말씀하셨다.

- "낮이 12시간, 밤이 12시간이 아니냐? 일 년이 열두 달 아니냐? 내가 이스라엘 12지파를 사랑했노라!"

그 말씀을 듣는 순간 감당할 수 없는 은혜가 엄습해왔다.

- "하나님, 도대체 나 같은 것이 무엇이기에 이토록 오랜 세월을 섭리하셨습니까?"

시간의 멈춤 속에서 내 영혼이 주께 완전히 자복하고 있었다. 호흡의 순간도 멈춘 것 같은 느낌이었다. 그때 주께서 물으셨다.

- "내게 원하는 것이 있느냐?"

그 순간 무엇을 원하는지 생각할 겨를이 없었다. 주님과 대면한 시간 속에서 할 수 있는 말은 이미 정해져 있는 듯하였다.

- "주님 저는 내가 원치 않는 인생으로 인하여 잃어버린 것이 너무 많습니다. 잃어버린 저의 청춘을 회복시켜 주십시오."

나의 말에 주님은 빙그레 웃으셨다. 그러나 지금 생각하니 내 인생에 더 귀하고 필요한 것들을 요구해도 좋았을 것 같은 생각이 든다. 가령, "재주 많고 마음이 곱고 아리따운 여인을 주세요." 했을 수도 있었으니 말이다. 그래도 후회가 없는 것은 불혹을 훨씬 넘긴 나이에도 청춘을 누리고 있으니 무엇을 더 바라겠는가?

오 나의 출발

"그런즉 누구든지 그리스도 안에 있으면 새로운 피조물이라 이전 것은 지나갔으니 보라 새 것이 되었도다"(고후 5:17)

43살이 되던 해 7월 4일, 그날은 바로 미국 독립기념일이다. 또한, 이요나의 새로운 인격이 주 앞에서 독립선언을 한 날이기도 했다. 43년의 동성애 죄의 고통을 끊고 새로운 피조물이 된 것이다. 흥미롭게도 하루가 천 년 같은 시간 속에서 변화의 체험과 하나님과의 대화는 일순간에 이루어졌다. 그 순간 동시에 히라노 목사님의 기도 소리가 의식 속으로 들려왔다. 이를 통해서 나는 천국은 현재의 시간과 동일한 공간 속에 공존할 수 있음을 깨달았다.

히라노 목사님의 기도 소리를 들으며 황급히 손수건을 꺼내어 눈물을 닦는 순간, 내 얼굴의 살갗이 마치 모태에서 갓 나온 어린아이의 피부처럼 감촉되었다. 또한, 그 순간 이 세상에서 느껴보지 못한 향이 온몸을 뒤덮고 있었고, 배에서는 생수가 넘쳐흐르는 듯하였다. 흡사 거대한 향유를 깨뜨린 욕조에 들어간 느낌이었다. 창밖의 스치는 바람과 나뭇잎들도 나의 변화를 축복하는 것 같았다. 그날 내 생애 처음으로 여자의 아름다움을 느낄 수 있었다.

나는 엘리베이터 문 앞에 선 히라노 코오이치 목사 앞에 무릎을 꿇고 "목사님, 오늘 주께서 나를 온전케 하셨습니다."라고 고백하였다. 히라노 목사는 나를 부둥켜 앉고 손을 얹어 "이제 네 몸은 성령의 전이니 다시는 죄를 짓지 말라."고 기도하셨다. 주께서 그의 입술을 통하여 나에게 하신 말씀이었다.

그날에 드디어 나는 43년간의 사슬에 매였던 동성애의 더러운 영에게서 벗어나게 되었고, 내 영혼 속에서 하나님께서 창조하신 거룩한 남자의 위대함을 스스로 체감한 것이다. 참으로 견딜 수 없었던 세월이었다. 누구에게 하소연할 수도 없는 억울한 인생이 아니었던가? 그러나 내 배후에 누가 있었던 간에 내가 살아온 날들이다. 모두가 내가 선택했던 길이다.

사람이 자신의 인생을 스스로 선한 길을 선택을 할 수 있다면 그는 참으로 복된 사람이다. 그러나 인생은 처음부터 자기 인생을 스스로 만들어 갈 수 없는 악한 영적 사슬에 매인 인생들이 아닌가? 그러나 내 혼이 죄를 짓던 때에도 내가 주관할 수 없었던 내 영은 이 사슬에서 놓임을 받기를 얼마나 애통하였던가?

더 원통하고 분한 것은 내 영혼이 구원자 예수의 이름을 알았음에도 나의 영혼을 쥐고 있었던 영매(靈媒)들의 악한 사슬이다. 주님은 그들을 결코 용서하지 않을 것이다. 주의 소자들을 실족케 한 그들의 목에는 연자맷돌이 지워질 것이다. 그러함에도 주께서 나의 길을 아시오니 어제도 이제도 그리고 내일도 나의 영은 주의 인도하심을 받을 것이다. 아멘!

그날부터 나의 이름은 요나로 명명되었다. 히라노 목사님은 나의 인생을 볼 때 요나 선지자와 같은 느낌이 든다고 하셨다. 요나 선지자의 삶이 평탄치 않음을 아는지라 마음에 썩 내키지는 않았지만, 스승이 지어주시는 이름인지라 이름자에 밝을 요(曜), 어찌 나(奈)라는 내 나름대로 해석을 달았다. 그럼에도 아직까지 불만투성이인 요나의 인생을 사는 것 같아 떨떠름하다. 모쪼록 돌이킬 수도 없는 인생이 되었으니 어찌 되었던지 요나의 입술을 통해서 나간 주님의 말씀들은 그대로 성취되었으면 싶다.

경건생활의 신비

"천국은 마치 밭에 감추인 보화와 같으니 사람이 이를 발견한 후 숨겨 두고 기뻐하며 돌아가서 자기의 소유를 다 팔아 그 밭을 사느니라" (마 13:44)

성령 체험 이후 내 생활에 큰 변화가 일어났다. 우선 마음의 기쁨과 평안이다. 무엇이라고 표현할 수 없는 온전함이 느껴졌다. 성령의 아홉 가지 열매가 삶 속에서 체험되고 있었다. 세상의 모든 것이 나를 위해 지어진 것 같은 느낌이다. 창밖으로 비치는 햇살들의 무리가 나를 향해 속삭이는 것 같았다. 나뭇잎 사이로 스치는 실바람이 손뼉을 치며 지나가는 것 같았다. 평안의 감동이 심장 한복판에서 틀을 잡고 있었다.

성경은 어찌 그리 달콤하던지, 깨달음을 더할 때마다 솟아나는 기쁨의 샘, 나의 영은 구약에 나타난 하나님의 완벽한 공의에 감복했고 복음서를 통해 하나님의 절묘한 사랑을 만났다. 공의와 사랑이 나의 혼을 이끌고 말씀의 강으로 한걸음씩 깊이를 더해 갔다.

나는 일본어를 정식으로 배운 일이 없다. 일본에 거주하면서 생활에 필요한 말들을 주워들어서 익혔을 뿐이다. 그래서 어려운 말들을 나눌 때는 대충 눈치로 알아 차렸다. 신학교를 다니면서부터 일본어 성경을 읽었지만 눈에 들어오지 않아서 한국어 성경으로 공부를 했었다. 그런데 언제부터인가 일본어 성경이 눈이 들어오기 시작했다.

일본어 성경을 보면 말씀의 깊이들이 더 깊게 깨우쳐 왔다. 성경을 좀 더 이해하기 위해서 일본어 신개혁 번역과 공동번역, 킹제임스 번역을 함께 뒤지기 시작했다. 성경을 읽다가 이해가 막히면 답답하고 견딜 수 없어 헌책방에 가서 성경주석과 성경역사 관련서적을 구입하여 의문점을 풀어갔다. 일본에서 구할 수 없는 주석들은 서울에서 공수해 왔다. 그 중에서 가장 흥미로웠던 것은 미국 갈보리 채플 척 스미스 목사님의 성경 강해였다.

나는 특별히 창세기와 예언서를 즐겨 읽었다. 특히 이사야서와 에스겔서를 읽을 때에 그 말씀 속에서 예수님의 형상을 볼 수 있었고, 다니엘서에서 종말의 날들의 지도를 볼 수 있었다. 그러나 나의 성경 생활에서 가장 감명 깊게 읽었던 책은 역시 사복음서이다.

복음서를 읽을 때에는 주님이 옆에 계신 것 같았다. 말씀 속에서 예수 그리스도의 체온을 느끼며 그분의 사랑의 고뇌와 영적 고통들을 체험하는 시간이었다. 복음서를 읽다가 그 은혜를 감당하지 못하여 혼백이 지쳐 잠이 든 때가 한 두 번이 아니었다. 다니엘 선지자가 그리스도의 현신을 보고 몸이 썩은 것처럼 변했다는 증언을 이해할 것 같았다.

세상 사람들을 만나는 것이 무익하고 시간 낭비라고 생각되었다. 앉아서 휴식을 하는 시간에도 마음속에서 말씀들이 살아 움직이는 것 같았다. 잠을 자는 시간에도 내 영혼은 말씀 속으로 여행을 떠나고 있었다. 풀리지 않는 의문을 만나면 며칠 잠을 설쳤다. 그럼에도 피곤치 않은 육체는 마치 물가에 심긴 나무와 같았다.

구름과 같은 수많은 성경의 증인들이 체험한 경건과 묵상의 신비들이 하늘로부터 쏟아지는 것 같았다. 표현할 수 없는 생명의 빛들 속에서 은혜와 감사가 기름을 내리 붓듯이 스며들고 있었다. 그 시간들을 놓치기 싫었다. 예수를 알아가는 기쁨이 나의 심령 속에 한 올 한 올 수 놓아지고 있었다. 영적 변화는 곧 삶의 변화라는 진리를 터득했다.

오늘날 수많은 사람들이 성령 체험을 말한다. 교회마다 기도원마다 그런 간증집회로 가득하다. 그들이 말하는 성령 체험은 실로 놀랍다. 굳이 성령의 은혜가 그들 가운데 나타난 것만은 부인하지 않겠다. 그러나 문제는 그들의 삶의 실제이다. 설혹 그들이 성령체험을 통하여 영적 변화를 받았다 하더라도 그들의 삶이 변하지 않았다면 그 변화는 의미가 없다. 성령의 열매는 그들의 삶 속에서 거룩하고 의로운 삶으로 나타나야 하기 때문이다.

설혹 그들이 술과 담배를 끊었을지라도 시기와 분노와 악심이 그대로 남아 있다면 그들의 변화는 온전한 것이 아니다. 변화는 마음에서 이루어져야 하기 때문이다. 또한 그들의 삶이 자기중심적이고 배타적이라면 그들은 그리스도인으로서 온전한 변화를 이루었다고 할 수 없다. 그러므로 성령체험 이후에 반드시 성경 말씀을 통한 경건생활이 뒤따라야 하는 것이다. 성경 말씀을 통한 자기대면과 성찰로서 성경적 변화를 이루어 가야 하는 것이다.

"또 천국은 마치 좋은 진주를 구하는 장사와 같으니 극히 값진 진주 하나를 발견하매 가서 자기의 소유를 다 팔아 그 진주를 샀느니라"(마 13:45-46)

제7부

성령세례

성령은사의 체험
예언과 조다윗 목사
방언 통역과 교회문제
더 좋은 은사의 발견
갈보리 채플과의 만남

- 살아있는 변증, 강력한 고발 메시지 -

이요나 목사의 자서전 『리애마마』는 하나님께서 어떻게 사람을 변화시키시는지에 대한 웅변적인 고백이며, 동성애자는 변화될 수 없다는 사람들의 주장에 대한 살아있는 변증입니다.

또한 예수를 믿으면서도 '리애마마'로 살아 갈 수밖에 없었던 고통의 증언들은 한국교회가 빛과 소금의 역할을 다하지 못한 것에 대한 강력한 고발 메시지입니다. 회개한 심령이 변화되지 못한 것은 교회가 본연의 역할을 다하지 못하였기 때문입니다. 부디 이 책을 통해서 한국 교회 안에서 진정 하나님의 뜻이 바르게 선포되는 계기가 될 수 있기를 기원합니다.

이승구 교수 (합동신학대학원대학교 조직신학 교수)

성령은사의 체험

"그 후에 내가 내 영을 만민에게 부어 주리니 너희 자녀들이 장래 일을 말할 것이며 너희 늙은이는 꿈을 꾸며 너희 젊은이는 이상을 볼 것이며 그 때에 내가 또 내 영을 남종과 여종에게 부어 줄 것이며"(욜 2:28)

7월 4일 성령의 체험과 성경적 변화의 삶과 함께 내 삶에서 나타난 것은 놀라운 성령의 은사이다. 그리고 나의 믿음 생활에서 제일 먼저 내게 나타난 은사는 영분별의 은사였다. 동경에 있는 한인 교회에는 세계 각국에서 많은 사역자들이 찾아왔다. 부흥강사, 예언자, 전도자, 찬양전도자 등등 각양각색의 은사집회는 고국을 떠난 성도들에게 큰 위로의 시간이었다. 전에는 나 역시 성령은사 집회나 예언사역 집회에는 빠지지 않고 참석해서 그들에게 예언 기도도 받고 식사도 대접하였다. 그런데 성령체험 이후 그들의 언행과 성경 말씀의 인용과 적용에 있어 심히 불쾌한 것들이 감지되었다.

두 번째 나타난 성령은사는 방언과 방언 통역이다. 솔직히 한국에서 교회생활 할 때에는 내가 하는 방언은 가짜였다. 기도원이나 집회에서 방언을 하지 못하면 창피하기 때문에 통성으로 방언을 할 때 무슨 말이라도 내뱉어야만 했다. 이런 현상은 오산리 기도원에 갔을 때 어떤 여자 목사가 방언을 받으라 하며 등짝을 내리칠 때 얼떨결에 내뱉은 말이 그 다음부터는 거기에 몇 마디를 덧붙여서 나만의 새로운 방언들을 만들어 냈었다. 지금도 그런 성도들이 꽤 많이 있음은 부인하지 못할 것이다.

그런데 이른 아침에 기도를 하면 마음에 있는 말들이 내가 알아들을 수 없는 말들로 쏟아져 나왔고 그 기도를 주께서 들으시는 것이 느껴졌다. 어떤 때에는 내가 구사할 수 없는 영어나 일본어들이 유창하게 쏟아져 나왔다. 그런 경우의 방언은 내가 중보기도 해야 할 기도내용들이었다. 그러나 정작 어느 집회에서나 예배 시에 한번 멋들어지게 방언을 쏟아내려 하면 마치 벙어리가 된 듯이 벙긋도 할 수 없었다. 이것으로 나는 하나님의 선물 성령은사는 자기 저금통장처럼 상시 꺼내 쓸 수 있는 것이 아님을 알게 되었다.

예언과 조다윗 목사

"그때 갑자기 나에게 하나님의 음성이 들려 왔다. 그리고 쉴 틈도 없이 그 말씀은 입으로 쏟아져 나왔다. '다음 달 관서지역 전도 집회 시에 조용기 목사의 이름이 한시동안 다윗으로 바뀔 것이다.(중략)'"

"다음 달 관서지역 전도 집회 시에 조용기 목사의 이름이 한시동안 다윗으로 바뀔 것이다. 이를 예증하기 위해 오늘부터 서영식(永植) 장로의 이름을 서경식(耕植)으로 바꿀 것이다."

성령체험이 있은 후 내게 여러 가지 은사가 나타나자 서영식 장로를 비롯한 몇 분의 권사들이 금요성경공부를 하기 위해 서 장로님 댁으로 모였다. 그러나 내가 금식을 시작한 날부터는 매주 금요일 오전 11시에 우리 집에서 모이기로 하였다. 금식 후 7일되는 날 금요 구역 예배 때였다. 그때 우리는 열왕기상 13장 젊은 예언자에 대한 성경말씀을 공부하고 있었다.

성경공부가 끝나고 서영식 장로님이 일본 크리스천신문을 꺼내들고 다음 달에 조용기 목사님께서 관서지방 순회 집회를 하신다는 광고문을 펼쳐 보였다. 그때 갑자기 나에게 하나님의 음성이 들려 왔다. 그리고 쉴 틈도 없이 그 말씀은 입으로 쏟아져 나왔다. 부지중에 거침없이 튀어나온 말이라 잡을 수도 없었지만 어떤 거리낌이나 두려움도 없었다. 더 놀라운 것은 그곳에 참여한 권사님들의 반응이었다. 그들은 성령께서 하신 말씀이라고 스스로 인식하고 있었다.

서 장로님은 그 말을 듣자 곧 바로 교회로 전화를 하여 이번 주 주보에 자기 이름을 '서경식'으로 개명하라고 전화하였다. 일이 이렇게 진전되자 슬그머니 겁이 나기 시작했다. 아무리 하나님께서 내 입을 통해서 하신 말씀이라고 해도 그 말이 현실로 나타나지 않으면 나는 거짓말쟁이가 될 것이고 교회에서 추방될 것이기 때문이다. 그리고 그 일은 한달 후 현실로 드러났다. 나도 떨리는 마음으로 오사카순복음교회 집회 현장에 참석하였다.

조용기 목사님 축복성회는 오후 2시에 있었다. 저녁 집회는 교토순복음교회에서 있었다. 나는 두 곳 집회를 모두 참석하였다. 나는 하루 전에 오사카 로열호텔에 투숙하였다. 조 목사님께서도 그곳에 투숙할 예정이시기 때문이다. 조 목사님은 미국 성회를 마치고 돌아온 터인데도 호텔에서 많은 일본 사역자들을 만나시느라 분주하셨다. 그 당시 나는 신학생인 터라 감히 조 목사님 앞에 나서지 못하고 마주칠 때마다 목도로써 예를 갖추었다. 목사님은 7층에 묵고 계셨고 나의 객실은 12층에 있었다.

그날 밤 나는 두려움에 한잠도 잘 수 없었다. 무엇을 기도해야 할지도 알 수 없었다. 겁도 없이 세계적인 목사의 이름을 다윗이라 개명할 것이라고 성도들 앞에 쏟아 내었으니 잘못하면 꼼짝없이 거짓말쟁이로 낙인이 찍힐 것이기 때문이다. 이미 교회 수석장로의 이름이 개명된 터라 달아날 길도 없었다. 할 수 없이 나는 하나님을 원망하듯이 '하나님 나는 시킨 대로 한 것이니 하나님이 책임지세요. 나는 책임 없습니다!'라고 하였다. 그러나 수십 번을 되뇌어도 하나님은 묵묵부답이시고 속만 바싹바싹 타들어 갔다.

2시가 되자 조 목사님께서 강단에 서셨다. 교회 안은 성도들로 복도에까지 가득 찼다. 도망을 치려해도 중앙에 앉은지라 꼼짝없이 앉아서 망신을 당할 것을 생각하니 조 목사님을 바로 쳐다볼 수가 없었다. 시간이 갈수록 심장이 멈출 것 같고 입안은 바싹 타들어 갔다. 강단에 선 조 목사님은 간밤에 있었던 일을 먼저 말씀하기 시작하셨다.

조 목사님께서 잠자리에 들기 전에 하나님께 기도하는데 갑자기 성령께서 이름을 조다윗으로 바꾸라고 하셨다는 것이다. 이에 조 목사님은 지금 내가 이름을 바꾸면 이건 국내뿐 아니라 전 세계적으로 곤란한 일들이 일어나니 이름을 바꿔야 할 이유를 알려 달라고 말하였더니 그건 알 것 없고 네가 내 종이면 내가 시키는 대로 하라고 하셨다는 것이다.

미국 성회를 마치고 돌아온 터라 피곤하고, 사흘 동안의 관서지역 집회 관계로 잠을 자야하는데 하나님과 실랑이하느라 잠을 잘 수 없어 더 이상 버티지 못하고 '그럼 하나님 맘대로 하세요. 그렇지만 나

중에 무슨 일이 있어도 모두 하나님 책임입니다.'라고 말하자 그때 놓아주셔서 간신히 눈을 붙이고 나왔다고 하셨다.

그날 저녁 조 목사님은 교토순복음교회 집회에서도 오사카에서 있었던 기이한 일을 증거하시며 동경에서 올라오신 서 장로님도 이미 한 달 전에 성령께서 서경식으로 개명하라는 명령을 받았다는 말과 함께 동경순복음교회 주보를 보이시며 도대체 앞으로 일본에서 무슨 일이 일어날지 심히 궁금하다고 말씀하셨다.

이 기이한 일은 집회에 참석한 사역자들과 성도들은 물론 여의도순복음교회뿐이 아니라 세계적인 토픽거리가 되었다. 국민일보를 비롯한 국내신문들이 앞을 다투어 조용기 목사님의 개명과 관련된 기사를 대서특필로 보도하였다. 그러나 더 흥미로운 것은 조다윗으로 개명해야 할 명분이 없었다는 것이다. 그 당시 조용기 목사님께서도 공식 석상에서 개명의 이유를 알 수 없다고 말씀하셨다.

방언통역과 교회문제

"어떤 사람에게는 능력 행함을, 어떤 사람에게는 예언함을, 어떤 사람에게는 영들 분별함을, 다른 사람에게는 각종 방언 말함을, 어떤 사람에게는 방언들 통역함을 주시나니"(고전 12:10)

다니엘 금식 14일 째 되는 날 금요 철야예배 때였다. 예배를 위한 기도를 위해 담임 목사님과 성도들이 모두 함께 일어나서 통성기도를 하였나. 그 시간에는 기도의 열기를 더하기 위해 실내를 어둡게 했다. 나는 금식 중이라 뒤편 장로님들과 권사님들이 앉아 있는 자리에 서서 통성 기도를 하였다. 금식 중이라 아무리 큰 소리를 내려 해도 내 목소리는 목으로 기어 들어가고 있었다.

그 시간에 나는 방언으로 기도하지 않았다. 성경에 교회에서는 방언을 하지 말라고 기록되었기 때문이다. 그러나 예배 인도 목사나 장로나 권사나 성도들은 누구에게 질세라 모두 방언을 쏟아내고 있었다.

그런데 내 귀에 갑자기 이상한 말이 들리기 시작했다. 주변에 있는 서영식 수석 장로와 여선교회 회장들의 입에서 모두 똑같은 말이 내 귀로 들어오는 것이다. 그들은 여느 때와 같이 그들 나름대로의 방언 기도를 하는데 나에게는 교회 내부에서 발생한 헌금비리에 대한 고발적 메시지로 들려 왔다. 나는 금식 중이라 헛것이 들리는가 보다 생각되어 의자에 주저앉아 마음을 다스렸다. 밤새 심령이 불안하여 기도를 하는 중에도 내 귀에서는 반복적으로 같은 소리가 들렸다.

그 다음 주 금요일 21일 금식이 끝나는 날이었다. 그날도 철야예배에 참석했다. 기운이 없어 나는 일어서지 못한 채 자리에 앉아 기도를 하였다. 그런데 지난주와 똑같은 현상이 일어났다. 옆에 있는 서 장로님과 주변의 권사님들은 물론 이제는 전체 성도와 목사님까지 합창을 하듯이 "우상을 가증히 여기는 네가 신전 물건을 도적질하느냐"(롬 2:22)고 외쳤다.

나는 너무 놀라서 중간에 지하에 있는 장로님 사무실로 내려 왔다. 서 장로님은 내가 금식 마지막 날이라 힘든 것으로 알고 나를 부축해서 함께 내려왔다. 나는 장로님께 지난주부터 있었던 일들을 소상히 말씀드리고 교회 헌금 장부를 확인해 보라고 말씀드렸다, 장로님은 황급히 회계 담당자를 불러 경리장부를 살펴보신 후, 예금통장은 재정 담당 안수집사가 갖고 있어 확인을 하지 못했지만 장부상에는 문제가 없다고 하셨다.

그 다음 날 장로님은 은행을 방문하여 교회 계좌를 살펴보셨다, 장로님이 교회 이사회의 대표라서 은행 계좌도 장로님이 개설하셨다. 그런데 이미 석 달 전에 오천만 엔의 거금이 마이너스 대출된 것이다. 우리나라 돈으로 6억 원의 거액이다. 교회 이사 중 한분이신 서장로님도 알지 못하는 거액의 대출이 이루어진 것이다. 나는 장로님에게 입단속을 시키고 자초지정을 알아보라고 말씀드렸다. 결국 이 일은 여의도 당회로 보고되어 열두 명의 실사팀 장로님들이 오셔서 모든 것을 백일하에 조사하고 마무리 지었다.

이 일 이후 나는 12년을 섬기던 순복음교회를 떠나 동경 호라이즌 채플로 교회를 옮겼다. 교회 안에서 나에 대한 이상한 루머가 돌기 시작했기 때문이다. 담임목사를 대적한 사람이라는 둥, 어떤 사람들은 금식을 하고 나서 악한 귀신이 들었다고도 하고, 영적으로 이상하다고도 했다. 그러나 하나님은 내게 분명히 "너는 너희 고향과 친척과 아버지의 집을 떠나 내가 네게 보여줄 땅으로 가라"(창 12:1)고 명하셨다. 몸담고 섬기던 교회와 가족처럼 지내던 성도들을 떠나 다른 교회로 옮긴다는 것은 정말 슬픈 일이다. 나는 그 때의 아픔을 기억하고 있다.

더 좋은 은사의 발견

"볼지어다 내가 네 앞에 열린 문을 두었으되 능히 닫을 사람이 없으리라 내가 네 행위를 아노니 네가 작은 능력을 가지고서도 내 말을 지키며 내 이름을 배반하지 아니하였도다"(계 3:8)

더 흥미로운 것은 내가 서울로 돌아와 갈보리 채플을 개척하면서는 내게 나타났던 그 많은 은사들이 한 번도 나타나지 않았다는 것이다. 기도를 하면 더 깊은 묵상의 세계로 돌입을 하는데도 방언이든, 예언이든, 방언 통역이든 전혀 나타나지 않았다. 어쩌다 누구를 위해 기도할 때면 옛날 생각을 하면서 예언이라도 나왔으면 하고 열심히 기도해 보았지만 땀만 뺄 뿐이다. 이것으로 나는 성령은사는 내가 사용하고 싶을 때 내 마음대로 꺼내 쓸 수 있는 것이 아님을 알게 되었다.

태생적으로 성정이 조급하고 사업적인 기질이 있는 내게 예언은사나 신유은사가 나타났었다면 아마 강남에 빌딩을 짓고도 남았을 것이다. 그러나 갈보리 채플 사역 중에 내게 그러한 은사들을 부어 주시지 않은 것을 감사한다. 만약 갈보리 채플 개척 중에 그러한 은사들이 나타났었다면 교회는 부흥하고 목회는 성공하였을지 모르지만 교만하여 멸망의 길로 내려갔을 것이다. 그때만 해도 아직 말씀에 대한 충만한 깊이와 성령의 역사에 대한 이해가 부족했기 때문이다.

서울로 귀국하면서 나는 하나님께 믿음의 은사를 달라고 기도했다. 그동안 나타난 여러 가지 은사들 가운데 충동하는 사단의 역사로 심령이 상하고 아팠기 때문이다. 내게 믿음의 은사가 있다면 지식의 말씀은사와 지혜의 말씀은사의 능력도 주시지 않겠는가 하는 믿음이 있었기 때문이다. 그때부터 나는 오직 주의 말씀을 알기를 힘썼다.

내게 그 어떤 큰 능력이 나타나지 않아도 좋다고 생각되었다. 작은 능력이라도 좋다. 주께서 "볼지어다 내가 네 앞에 열린 문을 두었으되 능히 닫을 사람이 없으리라 내가 네 행위를 아노니 네가 작은 능력을 가지고도 내 말을 지키며 내 이름을 배반치 아니하였도다"(계 3:8)라고 말씀하셨으니 말이다.

오직 지금 내게 필요한 것은 하나님의 사랑이다. 주께서도 "너희는 더욱 큰 은사를 사모하라 내가 또한 가장 좋은 길을 너희에게 보이리라"(고전 12:31) 말씀하셨다. 동성애자 출신으로 하나님의 사랑을 이처럼 많이 받았으니 내가 무엇을 더 바라겠는가? 나의 삶 속에 예수 그리스도의 사랑이 나타나면 그것으로 충분하다. 그 사랑 속에서 하나님의 능력이 나타나기 때문이다. 아멘, 할렐루야!

갈보리 채플과의 만남

"여호와께서 아브람에게 이르시되 너는 너의 고향과 친척과 아버지의 집을 떠나 내가 네게 보여 줄 땅으로 가라"(창 12:1)

그 후 나는 동경 ACGI신학원을 졸업하고 12년간 섬기던 순복음교회를 정리하고 히라노 목사님이 시무하시는 동경 호라이즌 채플로 옮겼다. 12년을 섬기던 몸 된 교회를 옮긴다는 것은 쉽지 않았지만, 어느 날 아침 주님은 나에게 지시하셨다.

변화된 심령 속에서의 헌신된 믿음 생활은 신비 그 자체였다. 평안과 기쁨과 소망이 넘치는 삶 속에서 말씀과 기도와 찬양의 생활이 펼쳐졌다. 나는 엘리야를 섬기는 엘리사와 같이 모든 생활을 히라노 목사님의 일정에 맞추었다. 이것이 어쩌면 오랫동안 뼛속까지 배인 동성애의 속성을 끊어내는 길라잡이가 되었는지도 모른다. 오랜 세월 동안 나의 영혼은 달콤한 육체의 기억 속에 물들어 있었기 때문이다.

많은 청년들이 예수를 믿으면서도 세상의 더러움에서 빠져나오지 못하는 것은 그들의 생활방법이 바뀌지 않는 데 있다. 그가 설혹 매일 성경을 읽으며 믿음생활을 할지라도 더러운 습관을 벗어버리지 않으면 결코 의로운 생활을 할 수 없다. 그러므로 성경은 "너희는 유혹의 욕심을 따라 썩어져 가는 구습을 따르는 옛사람을 벗어 버리고 오직 너희의 심령이 새롭게 되어 하나님을 따라 의와 진리의 거룩함으로 지으심을 받은 새 사람을 입으라"(엡 4:22-24)라고 기록되었다.

그러나 더 중요한 것은 누구와 함께 하느냐에 있다. 세상 말에도 친구 따라 강남 간다는 말이 있듯이 세속적인 생활을 하는 친구들과의 관계를 속히 청산하지 않으면 죄의 유혹에 다시 얽히게 된다. 그러므로 바울은 우리에게 "또한 너는 청년의 정욕을 피하고 주를 깨끗한 마음으로 부르는 자들과 함께 의와 믿음과 사랑과 화평을 따르라"(딤후 2:22)라고 권고하였다. 이와 같이 말씀을 실천하는 믿음생활은 온전한 변화를 이루기 위한 성령의 역사를 불러내는 지름길이 될 것이다.

교회를 옮긴 지 6개월 되던 4월 마지막 주간에 미국 산타바바라 갈보리 채플의 리키 라이언 목사님이 17명의 전도팀과 함께 동경 호라이즌 채플을 방문하였다. 동경 호라이즌 채플 개척 2주년을 축복하기 위해서였다.

산상에서 개최된 전도집회 마지막 날 리키 라이언 목사의 고별설교가 있었다. 고별설교가 끝나고 기도를 하던 중 잠시 무엇을 듣는 듯, 서 있던 리키 라이언 목사님이 갑자기 "Jonah Lee!" 하고 나를 불렀다. 예상치 못한 부름에 깜짝 놀라 성급히 단상 앞으로 나가니 히라노 목사님께서 무릎을 꿇고 앉아 기도를 받으라고 하셨다.

리키 라이언 목사님은 나를 단상에 앉힌 후 히라노 코오이치 목사의 통역을 통하여 "모태에서 너를 조성하신 주께서 너를 구별하여 거룩하게 하시고 이제 네게 기름을 부어 가르치는 은사와 예언의 은사를 부어 목사와 교사로 세웠으니, 이제 너는 내가 지시한 곳으로 가서 충실한 종으로 헌신하라."고 말씀하며 안수하셨다. 이는 히라노 코오이치 목사님은 물론, 그곳에 함께한 120여 명의 성도들도 예상치 못한 일이었다. 이렇게 나는 예언을 통하여 갈보리 채플 목사로 세움을 받았다.

제8부

첫사랑 연가

첫사랑의 소식
가루이자와 연정
사랑을 배우다
현해탄 사랑
실연의 고통

– 동성애자의 내면세계를 펼친 축척된 노하우 –

〈리애마마〉는 70을 바라보는 이요나 목사님이 한국교회에 드리는 귀중한 메시지다. 동성애자로서의 삶과 탈동성애자로서의 삶 그리고 탈동성애 사역자로서의 삶이 잘 녹아있는 값진 보고이다.

동성애가 갈수록 확산되는 선진국 추세 속에서 한국교회와 성도들은 동성애에 대한 바른 이해가 필요하고 동성애자들의 치유와 회복을 위한 사랑과 섬김이 필요하다. 또 동성애 차별금지법과 동성결혼 합법화를 막기 위해서도 동성애를 바로 알아야 한다. 이 책은 동성애를 쉽게 이해할 수 있도록 동성애자의 삶과 내면세계를 잘 설명해 주고 있다.

앞으로 탈동성애 사역을 하는 많은 분들에게 이요나 목사님의 축적된 경험과 노하우가 잘 전달될 수 있도록 이 책을 적극 추천한다. 또 동성애를 바르게 대처하기 위하여 한국교회 성도들이 꼭 읽어야 할 책이다.

이용희 교수
(가천대, 에스더기도운동본부 대표, 국제교류협력기구 이사장)

첫사랑의 소식

"처음 만나면 무슨 말을 해야 할지 마음에 이것저것 썼다 지웠다 해 보았지만 딱히 좋은 말이 생각나지 않았다."

누가 내게 여인의 사랑을 느낄 수 있느냐 묻는다면 나는 청명한 하늘로 피어오르던 애틋한 나의 연애감정을 말할 수 있다. 내가 비록 늦깎이 청년이 되어서야 지옥의 무더위와 흑암의 터널을 지나 어렵사리 만난 여인의 향취이지만 내게는 솔로몬의 애가보다 더 대견스럽고 애틋한 사랑의 이야기가 있다.

서울에 돌아와 갈보리 채플을 개척하며 희망찬 복음의 날을 꿈꾸던 날 동경의 히라노 코오이치 목사를 통해서 생애 처음으로 선이라는 기회가 주어졌다. 히라노 목사님께서 중매를 서신 것이다.

그 당시 한국교회는 부흥의 열기로 가득 차다 보니 목사라는 직책은 신랑 후보 1순위로 부상하였지만 7년 만에 돌아 온 내게는 정붙일 사람은 고사하고 머리를 디밀 곳조차 없었다. 과거 수십 년을 어두움 속에서 살았던 터라 서울의 낮 그 자체가 낯설었다. 그때서야 낮을 살아가는 사람과 밤을 사는 사람이 서로 다른 것을 깨닫게 되었다. 다행히 이태원 거리는 범죄와의 전쟁 이후 아직도 활성화되지 않은 터라 이태원의 밤을 밝히던 리애마마를 기억하는 사람은 없었다. 12년을 하루같이 다니던 순복음교회조차 이제는 이방의 교회처럼 느껴졌다.

간간이 동경에서 만났던 성도들이 찾아 왔었지만 갈보리 채플식의 목회 방법은 한국성도들의 종교적 만족을 채우지 못하였다. 또한, 보수성향의 한국교회는 동성애자 출신을 목사로 인정해 줄 분위기가 조성되지 않았다. 그러다 보니 자연스레 영적 스승인 히라노 코오이치 목사와 친밀한 관계를 갖게 되었다.

동경 호라이즌 채플은 신년이 되면 가루이자와에서 신년축복예배를 봉헌한다. 연말이면 딱히 할 것도 없었기에 동생 이희찬 장로와 몇명의 성도들과 함께 3박 4일간의 여정으로 가루이자와 산상 신년예배에 참석하였다. 마치 고향집 잔치에 가는 설렘이라 할까, 생각하는 것만으로도 기쁨과 위로가 되었다.

94년 신년성회 때 인생에 또 다른 기쁜 소식이 기다리고 있었다. 한국에 파송된 후 첫 번째 방문 신년성회이기도 했지만 히라노 코오이치 목사님께서 뜻밖의 희소식을 전해 오신 것이다. 나의 배필을 위해 기도하시던 중 마음에 두신 자매를 가루이자와 신년성회에서 만나도록 주선하신 것이다. 아직 얼굴도 모르고 자매의 사정도 모르지만 그 소식을 들은 날부터 가슴이 설레어 잠을 설쳤다.

내 생전 여인에 대한 설렘이라고는 없었는지라 그 감정을 무어라고 표현하기조차 힘들었다. 사춘기를 맞은 소년처럼 가슴이 뛰고 웃음이 멈추지 않아 멍하니 앉아 히죽이며 밤잠을 설쳤다. 생애 첫 여인을 만난다는 설렘으로 새 양복을 준비하였다. 그리고 처음 만나면 무슨 말을 해야 할지 마음에 이것저것 썼다 지웠다 해 보지만 딱히 좋은 말이 생각나지 않았다. 도대체 어떤 여인이기에 내 가슴을 이처럼 뛰게 하는지 사십이 넘은 연애감정이 참으로 쑥스럽기까지 했다.

가루이자와 연정

"첫사랑에 들뜬 아침 식탁은 향긋한 커피와 갓 구워낸 크루아상에 버터와 치즈와 잼이 곁들여 있었다."

소망이 있는 길은 멀어도 힘들지 않다. 더욱이 목적지에서 누군가 나를 기다리고 있다는 기쁨은 만나기 전부터 가슴을 열고 많은 이야기들을 쌓아 두게 된다. 이처럼 연애의 시작 단계에서는 상대가 나를 받아주든 아니던 그것은 그리 문제 되지 않는다. 지금은 내 감정에만 충실하면 된다.

가루이자와는 동경사람들의 삼대 휴양지라 할 만큼 꽤 유명한 곳이다. 한국인으로서 가루이자와 신년축복예배에 참여한다는 것은 양수겸장의 축복이 아닐 수 없다. 일본 여행이 초행인 사람들을 인솔하여 나리다 공항에서 우에노 역까지, 다시 나가노 신간센을 타는 여정은 쉬운 것은 아니었지만 내 입은 시종 싱글벙글 웃고 있었다. 이렇게 좋은 걸 어떻게 사십여 년을 닫아 두었던 것인지……. 과연 내가 게이였던 게 맞는 건지……,

저녁 무렵에 도착하여 숙소를 배정받은 우리는 가루이자와 산장의 운치에 푹 빠졌다. 이미 낡을 대로 낡은 비좁은 일본식 객실이었지만 창문을 열자 가루이자와의 풍치가 한눈에 쏟아져 들어 왔기 때문이다.

가루이자와는 캐나다 선교사 알렉산더가 일본 포교 중 캐나다와 비교할 만큼 뛰어난 가루이자와의 풍경에 매료되어 제1호 별장을 지으면서 소개되어 그 후 여러 선교사들이 속속 들어와 별장과 미션센터를 지은 곳이다. 높이 뻗은 침엽수 아래로 나지막하게 지어진 일본식 숙소들은 그 오랜 세월 속에서도 깔끔한 일본인들의 손에 의해 잘 보전되어 있었다.

잣나무 향이 가득한 천장이 높은 식당으로 들어서자 일본 특유의 카레 냄새가 시장기를 보채며 우리의 군침을 더해 주었다. 가루이자와 산장에는 마치 천사들이 내려와 배수진을 친 듯 사뭇 고요하였다. 단정한 식탁사이로 기쁨과 평안과 감사가 가득 차 있었다. 그 저녁 아직 나의 사랑은 보이지 않았다.

첫사랑을 기대감으로 들뜬 아침 식탁은 향긋한 커피와 갓 구워낸 크루아상에 버터와 치즈와 잼이 곁들여 있었다. 동행한 서울 사람들 입맛에는 부족한 듯하였으나, 7년의 일본생활에서 맛 들린 모닝타임은 새롭게 다가왔다. 그 시간에도 나의 사랑은 개봉되지 않았다.

사랑을 배우다

"내 사랑에는 욕정이 없었다. 수줍은 연애감정이 있었을 뿐이다. 마흔이 훌쩍 넘은 청춘의 때에 연애감정이 속살을 드러내고 있었다."

아침 식사가 끝나고 첫 강의가 시작되기 전, 숙소 뒷길을 따라 산책을 나섰다. 가만히 서 있어도 기도가 솟아나는 시간이었다. "영으로 기도하고 또 마음으로 기도하며" "영으로 찬송하고 또 마음으로 찬송"(고전 14:15)하는 이 시간만큼은 누구에게도 방해받고 싶지 않기로 작정한지 벌써 오래다. 주의 영이 촉촉이 내려앉는 시간이면 마음속에 잠자던 천사들이 기지개를 켠다.

- 어떤 여인일까
- 어떻게 생겼을까
- 무엇을 하는 여인일까

머릿속에서 생각이 멈추지 않았다. 상상은 상상을 이어간다. 제 멋대로 지웠다 썼다 해도 그때의 연애감정은 온통 아름다운 것들뿐이다. 설혹 그 때의 감정이 여인을 향한 연정이었을지라도 그때의 감정은 무죄. 설상 천사들이 내 마음을 훔쳐본다고 할지라도 시기할 일도, 죄를 찾고자 하지도 않았을 것이다. 설상 루시퍼가 그 시간을 엿보고 있다 할지라도 두려워하지 않을 것은 내 사랑에는 욕정이 없었다. 수줍은 연애 감정이 있었을 뿐이다. 그렇게 마흔이 훌쩍 넘은 연애감정이 속살을 드러내고 있었다.

잠시 묵상을 멈추고 하늘로 치솟은 미송 사이로 쏟아지는 청명한 하늘빛에 넋을 잃고 있을 때 동생 이희찬 장로가 숨을 몰아쉬며 뛰어왔다. 히라노 목사님께서 찾으신다는 것이다. 나를 위해 준비된 여인을 만나는 시간이었다. 더욱 벅차게 솟아오르는 설렘을 억제하며 단숨에 달려갔다. 신붓감을 맞는 신랑의 마음을 억제한다는 것이 힘들게 느껴졌다. 얼굴이 붉게 달아오르며 가슴에선 방망이질이 멈추지 않았다.

히라노 목사님 부부와 동생 이희찬 장로가 배석한 가운데 따끈한 일본 찻상이 수줍음을 메우고 있었다. 중매쟁이가 된 히라노 목사님의 의례적인 말이 오간 후 그녀와 오붓한 시간을 가질 수 있었다. 첫 만남인데도 언젠가 만났던 사이같이 낯설지 않았다. 더욱 흥미로운 것은 그녀의 용모는 일본 여인과 같지 않았다. 흡사 우리 어머니의 친정 동생을 보는 것처럼 살가웠다.

우리는 첫 강의가 시작되든 말든 산길을 따라 한참을 내려갔다. 나중에 안 것이지만 함께 서울서 온 일행들은 통역이 없어 벙어리가 된 채 멀뚱히 앉아있었다고 한다. 이렇게 요나의 첫사랑은 이기적으로 시작되었다.

그녀에게는 어린 두 아이가 있었다. 다섯 살 난 딸아이와 여섯 살 난 아들이다. 아비에게 버림받은 아이들이라고 한다. 그러나 우리는 서로의 과거에 대하여 묻지 않았다. 그것은 전혀 중요하지 않았다. 우리는 그리스도 안에서 서로의 사랑을 인식하면 되었기 때문이다. 우리의 만남은 시간과 공간을 초월하여 달음질치고 있었다. 이렇게 나는 사랑을 배우고 있었다.

"나의 사랑하는 자는 내게 속하였고 나는 그에게 속하였구나 그가 백합화 가운데서 양떼를 먹이는구나"(아 2:16)

현해탄 사랑

"늦게 배운 도둑질에 날 새는 줄 모른다는 말과 같이 여인에 대한 연정은 식탐을 하듯이 보채왔다."

우리의 사랑은 현해탄을 넘어야 했다. 그 당시는 핸드폰도 귀했고 이메일도 없었다. 국제전화 요금 역시 비싼 터라 전화 목소리를 듣는 것조차 부담스러운 때였다. 더욱이 개척교회 목사로서는 생활의 여유조차 없었던 때라 국제 할인전화 시간에 한두 번의 짧막한 안부 인사로 마음을 나누는 것이 고작이었다.

그녀는 아쉬운 나의 마음을 이해하였던지 한주에 한통씩 연서를 보내왔다. 그러나 몇 마디의 대화나 편지로 갓 피어난 청년 목사의 사랑을 충족시킬 수는 없었다. 동생은 이런 내 마음을 이해했는지 한 달에 한 번씩 현해탄을 건너 그녀를 만날 수 있도록 티켓을 준비해 주었다. 아이들의 손을 잡고 디즈니랜드도 가고 백화점에 들러 쇼핑도 하며 식당가를 들러 맛있는 식사를 즐겼다. 우리는 이미 결혼하기로 교회에 말을 했기 때문에 서로의 사랑을 확인하는 데 꺼릴 것이 없었다. 2박 3일 간의 데이트는 너무 짧았지만 우리의 사랑은 날로 두터워갔다.

여인을 사랑한다는 것이 사람의 마음을 이렇게 설레게 할 줄은 몰랐다. 일을 하다가도 얼굴이 떠오르면 아무 것도 할 수 없었다. 늦게 배운 도둑질에 날 새는 줄 모른다는 말과 같이 여인에 대한 연정은 식탐처럼 보채왔다. 그래서 연인들이 속히 결혼을 할 수밖에 없음을 그 때서야 깨달았다.

교제한 지 일 년 남짓해서 우리는 결혼하기로 약속을 했다. 서로의 사랑을 확인한 이상 더 이상 떨어져 산다는 것이 무의미했고 시간 낭비라는 생각이 들었다. 그러나 막상 결혼을 하겠다고 결정을 하고 보니 서로 간에 풀어야 할 숙제들이 하나둘씩 드러났다. 가장 큰 것은 아이들의 문제였다. 한꺼번에 두 아이를 얻는다는 기쁨도 있었지만 한편으로는 국적이 다른 두 어린 아이들의 아빠가 된다는 부담감도 있었다.

가장 큰 걱정은 아직 철없는 아이들을 낯선 한국 땅에서 어떻게 키워야 하느냐에 있었다. 더욱이 저축해 놓은 것도 없고 사례비조차 없는 개척교회 목사로서 외국인 가족을 거느리고 살아갈 일을 생각하니 마음이 무거웠다. 약속한 날짜가 가까워지면서 결혼은 연애감정만으로는 할 수 없는 것임을 절실히 느끼게 되었다.

다행히 동생 이희찬 장로가 사업이 잘되어 신혼집을 마련해 주기로 하고 그 다음 일들은 주님께 맡기기로 하고 결혼을 진행하게 되었다. 우리는 우선 성도들과 함께 조촐한 약혼식을 올리기로 합의하고 서둘러 하얏트 호텔을 예약하였다. 그녀는 회사에 여름휴가를 신청한 상태였다. 노총각의 설렘 속에서 현해탄 사랑은 하나씩 준비되고 있었다.

실연의 고통

"그래도 할 수만 있다면 내 인생에 마음을 함께할 여인과 딱 한 번 손을 잡고 싶다. 함께 밥도 먹고 바다도 보고 고적한 올레길도 걷고 싶다."

어느 날 아침 그녀의 방문을 한 달 남짓 앞두고 팩스가 날라 왔다. 밑도 끝도 없이 호텔 예약을 취소해 달라는 것이다. 자세한 내용은 편지를 보냈다 하며 그 이후로는 전화도 연결되지 않았다. 무슨 연고인지 그 이유를 알 수 없었다. 며칠이 지나도록 불안한 예감이 가시질 않았다. 그리고 한 통의 편지를 받았다.

이유인즉 어린 두 아이를 데리고 한국으로 들어가 살 수 없다는 것이었다. 근 일 년 간 사랑을 쌓으며 우리의 인생 모든 것을 하나님께 맡기자고 굳은 언약을 했는데 불과 며칠 사이에 무엇이 그녀의 마음을 돌이켜 놓았는지 이해할 수가 없었다. 그녀의 상황을 확인하고자 전화를 하였으나 그녀는 전화를 받지 않았다. 히라노 코오이치 목사님께도 문의해 보았지만 두 주일째 교회를 나오지 않는다고 하였다.

몇 달 후 나는 그녀의 지인으로부터 소식을 들을 수 있었다. 그녀에게는 미국에 사는 목사인 오빠가 있었다. 그녀의 오빠는 혼자된 동생을 안타깝게 생각하고 아이들과 함께 미국으로 데려가려고 이민

신청을 해왔다고 한다. 그런데 이민 수속이 잘 안되어 포기했었는데 갑자기 이민허가가 떨어진 것이다. 그녀는 오빠에게 그동안 있었던 나와의 사랑을 말하고 나와 결혼해서 한국에 들어갈 것이라 말했으나 내가 동성애자 출신이라는 말을 들은 그녀의 오빠는 동성애는 타고난 것이라 해결되는 것이 아니라고 말하며 미국에 들어올 것을 종용했다고 한다. 이것으로 우리의 인연은 더 이상의 연락이 없이 끝나고 말았다.

그날부터 나는 말을 잃어버렸다. 예고 없이 다가온 이별의 아픔은 그동안 쌓아온 사랑의 농도만큼 깊었다. 내 인생에서 이처럼 뼈아픈 실연은 처음이다. 과거 남자와의 사랑은 서로의 욕정이 끝나는 날 헤어지는 것이 당연하다고 여겼기에 헤어짐의 고통은 있었지만 가슴을 저리게 하는 아픔은 없었다. 그런데 가슴 깊은 곳까지 파고드는 실연의 아픔은 견딜 수 없는 사랑의 배신감이었다.

그녀가 떠난 자리는 무엇으로도 메울 수 없었다. 눈 딱 감고 결혼을 하자는 생각으로 중매가 들어오는 대로 여인들을 만났지만 만나는 순간마다 이 여인은 아니라는 생각이 앞섰다.

그 후부터 내 인생에서 여인의 감각이 사라졌다. 마음속 깊은 곳에서 여인을 향한 사랑의 연정이 끓어오르지 않았다. 생각해 보니 꼭 첫사랑의 배신 때문은 아니었다. 언제인가부터 마음 깊은 곳에서 누군가를 그리는 애절한 영의 탄식이 있었다. 그것은 변화된 이후부터 내 영 안에서 느껴 왔던 간절한 구애 같은 것이었다. 나는 그것이 여인을 찾는 보챔인 줄 알았다. 그러나 내 영 안에서의 간절한 구애는 그녀와 함께했을 때에도 가슴 저편에 묵직이 자리 잡고 있었다. 그 사랑의 무게는 칠십이 가까운 지금도 남아 있다. 가슴 깊숙한 곳에 자리 잡은 간곡한 연민의 정이 있었기에 뜨거운 중년의 나이를 지킬 수 있었다.

내 사랑은 오직 그분만이 아신다. 그가 내 사랑을 지키시므로 나의 사랑은 아직도 부족함이 없다. 그래도 할 수만 있다면 마음을 함께할 여인의 손을 잡고 싶다. 함께 밥도 먹고 바다도 보고 올레길도 걷고 싶다. 축복이 더하면 아프리카인들 못 가겠는가? 그곳에는 얼마나 많은 아이들이 나의 사랑을 기다리고 있을지……. 아마 그곳을 가야 할 날이 이르면 주께서 감춰두신 내 여인이 찾아오지는 않을까 싶다.

제9부

광야생활

첫 열매의 고통
좌절의 시간
카페교회의 시작
사샤의 탈출
크리스천 웨딩사역
깊은 늪과 수렁
영적 침체
천사의 시중
다시 스스로 떠나는 요나
하나님의 책망

- 동성애 합법화를 막는 의의 병기 -

이 책에서 먼저 감동을 주는 것은 이요나 목사님의 간절한 마음이다. 부끄러운 과거를 밝히면서까지 동성애자들이 동성애로부터 벗어나기를 바라는 마음을 엿볼 수 있었다. 두 번째 감동은 동성애로 고통하는 이요나 목사님을 구원해 내시는 하나님의 끈질긴 사랑이다. 깊은 죄악 속에 있는 목사님을 구원해 내시는 하나님의 놀라운 사랑에 감탄을 느낀다. 이요나 목사님은 하나님께서 이 시대를 위하여 준비한 사역자이다. 어느 누구보다 깊이 동성애자로서의 삶을 사셨기에 동성애 치유를 증거하는 산 표본이다.

부족하지만 독자를 위한 첨언을 하면, 부모, 주위 사람, 성경험 등 다양한 이유로 자신도 모르는 사이에 동성애 성향이 마음에 형성될 수 있지만, 그 성향을 행동으로 옮긴 것은 자신이기에, 동성애로부터 벗어나려면 철저한 회개가 필요하다고 본다. 인간에게는 성향을 이길 수 있는 의지가 있고, 행동으로 옮기면 성향이 강화되기에, 행동으로 옮긴 책임을 부인할 수 없다. 이요나 목사님도 회개와 죄의 고백이 새사람이 되는 시작점이라고 했다. 물론 회개도 하나님 은혜가 임해야만 가능하다.

이 책을 통해 많은 동성애자들이 새 삶을 찾게 되기를 소망한다. 수많은 교회들이 탈동성애 사역에 관심을 가지고 동성애자들을 품어 주기를 바란다. 우리 모두는 돌을 던질 자격이 없는 죄인이다. 한국만은 동성애 합법화를 막는 거룩한 국가가 되기를 바라며, 모쪼록 이요나 목사의 자전적 에세이 〈리애 마마〉가 의의 병기가 될 수 있기를 소망한다.

길원평 교수(부산대학교 생물학)

첫 열매의 고통

"광야에서 사십 일을 계셔서 사단에게 시험을 받으시며 들짐승과 함께 계시니 천사들이 수종들더라"(막 1:13)

목사로 안수를 받고 7년 만에 한국에 돌아와서 과거 게이바를 운영했던 이태원 거리의 옛 클럽을 개조하여 '서울 갈보리 채플'을 개척하였다. 1993년 12월 7일이었다. 우리 형제 가족과 일 년 동안 성경공부를 하던 형제들이 함께하였다. 그중에는 지금 동경에서 목회를 하는 장청익 목사와 탄자니아 선교사로 떠난 변상택 목사 가족도 있었다.

그해 6월 한국교회 목회자 초청으로 미국 코스타 메사 갈보리 채플 개척자 척 스미스 목사님께서 서울에 오셨다. 히라노 코오이치 목사님을 모시고 서울 힐튼호텔에서 가진 척 스미스 목사님과의 조찬기도회에서 척 목사님은 서울 갈보리 채플 개척을 축복하면서 마치 나의 장래를 미리 보신 것처럼 내 머리 위에 손은 얹고 다음과 같이 말씀하셨다.

"왕이여 이것이 왕에게 징조가 되리니 올해는 스스로 난 것을 먹을 것이요 둘째 해에는 또 거기에서 난 것을 먹을 것이요 셋째 해에는 심고 거두며 포도나무를 심고 그 열매를 먹을 것이니이다 유다 족속 중에 피하여 남은 자는 다시 아래로 뿌리를 박고 위로 열매를 맺으리니"(사 37:30-31)

척 스미스 목사의 축복 기도를 듣는 순간 3년 후면 서울 갈보리 채플이 한국에서도 크게 부흥할 것이라 믿으며 흥분했다. 무엇이라도 하면 될 것 같은 꿈으로 부풀어 올랐다. 그러나 그 꿈은 풋내기 목사의 철없는 야망이었다.

교회를 개척하면 과거에 클럽을 운영하면서 과거 이태원 시절에 나를 따랐던 게이들과 트랜스젠더들이 몰려올 것이라 생각했었다. 그러나 그들은 나와 길에서 마주치기도 싫어하여 뒷걸음질을 쳤다. 오히려 "어미를 잡아먹은 놈이 무슨 목사냐?" 하는 비방이 나돌기 시작했다.

또한, 이태원을 주름잡던 게이바 대모가 강해설교로 유명한 갈보리 채플의 목사가 되어 교회를 개척했으니 한국교회도 쌍수를 들어 환영해 줄 것이라 믿었다. 그러나 보수성향의 한국교회는 히피들을 중심으로 부흥된 미국 갈보리 채플 사역에 대하여 그다지 우호적이지 못했다.

좌절의 시간

"우리가 알거니와 하나님을 사랑하는 자 곧 그 뜻대로 부르심을 입은 자들에게는 모든 것이 합력하여 선을 이루느니라"(롬 8:28)

　갈보리 채플의 목회자가 되었다는 자만심과 불타는 투지로 개척한 갈보리 채플 서울교회는 3년도 채 되지 못하여 문을 닫고 말았다. 경륜을 갖추지 못한 애송이 목회자의 무능함을 뼈저리게 체험한 시간이었다. 교회 문을 닫을 수밖에 없었던 가장 큰 이유는 더 이상 임대료를 감당할 수 없었던 것도 있지만, 그 무렵 교회에 출석 중인 형제 둘이 마약 쇼크로 죽었기 때문이다. 그들이 마약을 할 것이라고는 꿈에도 생각지 못했었다. 그들은 비록 세속적인 생활을 완전히 끊지 못하고 있었지만 나를 잘 따르고 나름대로 교회생활에도 성실했었다. 그 충격으로 한 해 동안 아무것도 할 수 없었다. '내가 과연 하나님의 택한 종인가?' 하는 의심마저 들기 시작했다.

　교회 문을 닫고 동생 집에 기거하면서 미국과 일본을 드나들며 여러 갈보리 채플 사역을 답사하며 그늘 가운데 하나님의 손이 어떻게 역사하는가를 살펴보았다. 그들은 오직 성경 말씀에 귀를 기울이며 성령의 인도하심 속에서 자유와 기쁨을 누리고 있었다. 성도들은 하루하루 삶에 일희일비하지도 않았고 교회와 함께 평안을 누리고 있었다. 그들의 신실한 믿음 생활 속에서 주의 세미한 음성을 들을 수 있었다.

특별히 샌디에이고 호라이즌 채플의 마이크 맥킨토시 목사의 사역은 내가 무엇을 할 것인가를 알려 주는 모멘트가 되었다. 'Love Festival'이 개최된 하와이 마우이 섬에서 처음 만난 마이크 목사는 내게 손을 얹어 기도하며 "성령보다 앞서 나가지 말라."고 권고해 주었다. 그 후 모든 것을 내려놓고 묵묵히 하나님의 뜻을 구하며 오직 말씀 안에서의 믿음의 모험을 하기로 작정을 하였다.

카페교회의 시작

"인생은 고난을 위하여 났나니 불티가 위로 날음 같으니라"(욥 5:7)

이태원에서 내려온 지 2년 되던 해, 한남동 오거리에 있던 크리스천 카페를 인수 받아 딱딱한 기존 교회의 문화를 벗어나 개방된 자유로운 만남 속에서 예배를 드리고 말씀을 공부하자는 취지에서 교파를 초월한 카페교회를 시작하였다. 그 당시 인터넷이 생기면서 많은 젊은이들이 카페를 찾게 되었고 한국에도 원두커피 바람이 일기 시작하여 젊은 크리스천들을 위한 예배문화가 필요하다는 생각이 들었기 때문이다. 오랫동안 화려한 유흥업계에서 몸담아 온 터라 카페교회라는 인식은 낯설지 않았다. 또한, 인근에 단국대학교가 있어 카페 문을 열면 크리스천 학생들이 쏟아져 들어 올 것 같았다.

그러나 이단에 민감한 한국교회 성도들은 '갈보리 채플'이라는 생소한 교회 이름에 쉽게 적응하지 못했고 또 정통적인 한국교회 문화 속에서 자라난 청년들도 아직 카페교회라는 인식을 갖지 못하였다. 그렇다고 한적한 코너 사거리에 커피를 마시러 오는 일반인도 없었고, 더구나 나의 과거에 대한 소문이 나돌면서 그나마 성경공부를 하러 오던 학생들마저 발을 끊었다.

아무것도 할 수 없는 상황에서 내가 할 수 있는 것은 성경공부였다. 이참에 척 스미스 목사님의 강해설교 연구라도 해보자는 생각이 들어 척 목사님에게 이메일을 보내 척 스미스 목사님께서 삼십여 년간 준비하신 강해설교 원고를 받아 번역을 하며 공부하기 시작했다. 이것이 십년에 걸쳐 성경강해를 통하여 신구약 성경 전체를 연구하게 된 계기가 되었다.

하루 종일 아무도 찾아 주지 않는 카페 공간에서 헤이즐넛 커피를 마시며 성경 삼매경에 빠져 있을 때 간간이 소문을 들은 크리스천 동성애자들이 상담을 요청해 왔다. 그러나 그들은 자신의 문제를 극복하려는 것보다 동성애를 탈출했다는 나의 간증을 듣기 위해 찾아 온 것이다. 그들 중에는 내가 정말로 동성애를 극복한 것인지 의심하며 은근한 유혹을 던지기도 하였다. 어떤 무례한 아이들의 입에서 동성애 행위의 더러운 말들이 마구 쏟아낼 때는 분노가 솟구쳐 올랐다.

어느 날 목사 아들이라는 키가 크고 매우 준수한 형제가 찾아 왔다. 보기에는 영화배우를 뺨칠 정도로 멀끔하였고 심성이 조용하여 더욱 정감이 가는 형제였다. 그는 서울대 학생으로 신림동에서 자취를 하고 있었다. 그 형제는 완고한 아버지와 극성스런 어머니 슬하에서 사랑에 굶주릴 수밖에 없었던 어린 시절 이야기들을 쏟아내며 눈물을 흘렸다.

동성애자 출신이면서도 동성애들을 상담해 보지 못했던 나는 그 형제를 어떻게 위로해 주어야 할지 알 수 없었다. 형제의 이야기를 들어주며 간간히 나의 이야기도 들려주고 고작 성경의 말씀을 전달하고 기도를 해 줄 뿐이다. 그 정도인데도 형제는 위로가 되었는지 주일 아침 일찍 교회를 찾아 왔다. 나중에 알고 보니 형제는 밤새도록 이태원 게이클럽에서 춤을 추고 온 것이다. 주일 아침이면 한잠도 자지 못한 채 시뻘겋게 충혈된 눈으로 예배를 드리기 위해 찾아온 형제를 보며, 옛날 이태원 시절의 내 모습이 떠올라 너무 안타까웠다.

예배 시간이 서너 시간 남은 터라 그를 교회 창고에 있는 간이침대에 쉬게 하였다. 그리고 형제는 매주 똑같은 모습으로 교회를 찾아 왔다. 어떤 때는 두세 명의 친구들을 데리고 오기도 했으며 어떤 날은 술이 취한 상태로 몸을 가누지 못하여 그날은 예배시간에도 깨우지 못하였다.

그날 오후 그 형제를 더 이상 그대로 받아 주면 안 되겠다 생각되어 그런 마음으로는 더 이상 나를 찾지 말라고 경고하였다. 그러자 형제는 잘못했다고 눈물을 흘리며 용서해 달라고 무릎을 꿇었다. 형제의 눈물을 보는 순간 '아차 내가 잘못했구나!' 하는 생각이 들어 형제를 끌어안고 한참 동안 등을 쓸어 주었다. 그 형제를 위해 할 수 있는 일이 위로밖에 없다고 생각하니 정말 한심스러웠다. 안타깝게도 그 당시 나는 동성애자들을 도와줄 만한 그 어떤 힘도 방법도 없었고 또 그럴만한 확신도 갖지 못했었다. 오히려 동성애자들이 찾아오는 것이 마음에 부담이 되었다.

어쩌면 그 청년은 주께서 나를 깨우치기 위해 보낸 사자였을지도 모른다. 그때라도 하나님의 뜻을 깨달을 수 있었다면 탈동성애 사역은 훨씬 빨라졌을지도 모른다. 그러나 동성애자였음이 드러나는 것이 두려웠고 싫었다. 길에서라도 아는 사람을 만날까 두려워 번화한 거리를 나서는 것조차 싫었다. 성공한 갈보리 채플 강해설교자로 인정받고 싶었다. 그러나 이런 소망은 어쩌면 내 이름을 요나라고 부를 때부터 어긋난 것인지도 모른다. 이와 같이 한번 어긋난 길은 빠져나오기 쉽지 않다. 한번 잘못 들어간 인생의 길은 그 길이 끝이 나고서야 깨우친다. 어렵사리 목회자가 되고서도 이를 깨우치지 못했으니 참으로 한심한 일이 아닌가?

샤샤의 탈출

"그런즉 누구든지 그리스도 안에 있으면 새로운 피조물이라 이전 것은 지나갔으니 보라 새 것이 되었도다"(고후 5:17)

견딜 수 없는 영적 고통 속에서 나를 위로할 기쁜 소식이 찾아왔다. 나와 함께 이태원에서 트랜스젠더 생활을 하던 샤샤가 목사가 되어 아내와 함께 어린 딸의 손을 붙잡고 찾아온 것이다.

샤샤는 과거 이태원 시절 트랜스젠더 클럽 '클레오파트라'의 싱어 겸 톱 마담으로 열애 초창기 시절 잠시 마리네 김과 함께 무대에 서기도 했었다. 또한, 샤샤는 당시 유명한 영화감독의 눈에 들어 영화에 출연한 일도 있었다.

이태원에 범죄와의 전쟁이 시작된 후 샤샤도 일본에 들어가 교포 클럽에서 일을 하고 있었다. 그러나 샤샤는 다른 트랜스젠더와 달랐다. 다른 아이들은 좀 더 여자처럼 되기 위해 머리를 기르고 호르몬 주사를 맞으며 평상시에도 여자처럼 생활하였지만, 샤샤는 직업여성처럼 저녁이 되면 가발을 쓰고 여장을 할 따름이었다. 또한, 내가 샤샤에게 더 깊은 관심을 갖게 된 것은 샤샤는 내가 알기 전부터 예수를 믿고 있었고 그 어떤 상황에서도 교회를 다녔다는 데 있었다.

일본 클럽생활에서 인생의 염증을 느낀 샤샤는 민속 연예인 팀으로 일본에 들어온 자매를 만나 한국에 나와 결혼을 하고 신학교에 들어갔다. 이로써 한국에 두 사람의 탈동성애 출신 목사가 탄생한 것이다. 그에게 5살 난 예쁜 딸이 있었다. 대구에서 목회를 하며 또 기도원을 열기도 했지만, 목회의 문이 좀처럼 열리지 않자 그는 틈틈이 이태원의 과거 동료들을 찾아가 복음을 전하였다. 그러나 그 일은 낙타가 바늘귀로 들어가는 것보다 쉽지 않은 일이었다. 그 후 그는 일본 선교사로 건너간 후 십여 년간 소식이 끊겼다. 그가 바로 지금 나와 함께 탈동성애 운동에 참여하기 위해 용기를 내어 탈동성애 사역자로 커밍아웃한 심여호수아 목사이다.

얼마 전 심 목사를 다시 만났을 때 나는 그에게 선뜻 동성애 사역 일선에 나와 달라고 말할 수 없었다. 내가 누리지 못하는 아내와 딸과 함께 누리는 행복을 깨고 싶지 않아서이다. 그러나 그는 나를 돕기 위해 한발 한발 나섰다. 나는 심 목사로 인하여 수많은 크리스천 동성애자들이 소망을 갖게 될 것을 믿는다. 동성애를 탈출할 수 있다는 것, 결혼할 수 있다는 것, 자녀를 가질 수 있다는 것, 그리고 하나님의 특별한 은혜 가운데 다시는 두려움 없는 평안과 기쁨을 누리게 될 수 있다는 것을……. 샤샤는 리애마마와 함께 탈동성애자의 증인으로서 기억될 것이다. 하나님, 축복하소서! 부디 그가 가는 모든 길을 지켜 주소서!

크리스천 웨딩사역

"어떤 길은 사람의 보기에 바르나 필경은 사망의 길이니라"(잠 14:12)

때마침 인터넷 붐이 일기 시작하면서 개설한 다음(Daum) 카페 '크리스천 이성 교제'는 몇 년이 안 되어 3만 명이 넘는 크리스천 회원들로 늘어났다. 이 카페는 당시 한양대학교 학생이 개설하였던 것을 그가 군대 가면서 내게 넘겨 준 것이다. 내가 맡아 크리스천 청년들의 이성 교제에 대한 상담을 시작하던 중 어느 날 지금은 세 자녀의 아버지요 복음 사역자가 된 문의배 형제가 오프라인 모임을 제안하면서 불 일 듯 확산되었다.

그 당시 문의배 형제는 '크리스천 이성 교제'의 정모에서 맺어진 첫 번째 열매이다. 연애에는 숙맥 같은 형제가 어떻게 보석 같은 장영 자매를 낚아채어 결혼에 골인하였는지 참으로 재주가 좋았다. 그때부터 문의배, 장영 부부는 나의 든든한 중보자가 되어 주었다.

그 후 소문에 소문을 듣고 매주 목요일 저녁이면 싱글 크리스천들이 카페에 모여 예배를 드리기 시작했다. 한때는 자리가 부족하여 여성기독교회관 웨딩홀까지 빌려 모임을 진행해야 했다. 우리 모임은 연휴가 낀 날이면 1박 2일 코스로 외부로 나가 커플 찾기 행사를 개최하였고, 수십 회를 거치며 수십 쌍의 커플이 맺어졌다. 우리의 모임이 열매를 맺기 시작하자 호산나, 갓피플 같은 대형 크리스천 웹사이트에서 크리스천 웨딩 사역에 손을 대기 시작하였다.

'크리스천 이성 교제' 사역은 7년 동안 열정적으로 계속되었다. 무엇인가 하나님의 부르심과 동떨어진 길로 가는 것 같은 느낌도 들었지만 딱히 내가 할 만한 길도 열리지 않았고, 하나님 안에서의 온전한 이성 교제와 결혼만이 크리스천 청년들의 성적 타락을 막을 수 있는 유일한 방법이라는 자부심도 생겼다. 또 한편으로는 한국교회에서 이런 사역은 갈보리 채플만이 할 수 있는 카페교회 사역일지도 모른다고 스스로 위안을 하였다.

그러나 IMF의 국가적 재난위기로 한국 경제가 꽁꽁 얼어붙기 시작하였고, 때마침 동생은 무리를 해서 5층 빌라를 지은 터라 경제적으로 압박을 크게 받고 있었다. 동생이 새로 시작한 사업에 문제가 생겨 사업자금 조달 관계로 내가 살던 집을 전세로 내놓아야 할 형편에 처했다. 때마침 그 당시 내가 글을 쓰고 있던 칼럼방 회원이던 곽 집사님 가족이 한남동으로 이사를 오게 되어 방 하나를 내가 쓰는 조건으로 한집 살이를 하게 되었다.

그 당시 나는 '크리스천 이성 교제'라는 다음(Daum) 카페를 운영하며 블로그를 열고 신구약 성경 강해를 집필하고 있었다. 블로그를 개설하고 '창조 이야기'를 쓰기 시작하면서 삽시간에 2500여 명의 회원들이 가입하였고 날마다 뜨거운 격려의 댓글이 쏟아졌다. 어쩌다 하루라도 칼럼을 쓰지 않으면 문의가 쇄도하였다.

또한, 다음(Daum)에 크리스천들의 고민을 위한 '크리스천 상담실' 카페 '탈반시티'를 개설하자 삼시간에 천여 명의 회원이 가입하여 여러 가지 인생의 문제를 상담하기에 이르렀다. 또 그것이 계기가 되어 한 달에 두 번씩은 안양교도소 교화위원으로 재소자 교육과 개인 상담을 하게 되었다.

깊은 늪과 수렁

"노루가 사냥꾼의 손에서 벗어나는 것 같이 새가 그물 치는 자의 손에서 벗어나는 것 같이 스스로 구원하라"(잠 6:5)

우연한 계기로 한집 살이를 하게 된 곽 집사님은 남편의 실직으로 두 자녀와 함께 먹고 살길이 막막해지자 그 당시 블로그에 올리고 있는 창세기를 비롯한 성경 강해를 서적으로 출판하자고 제안을 해 왔다. 나도 충분한 승산이 있다고 생각하고 출판사 '말씀나라'를 등록하고 〈창조이야기〉, 〈지혜와 지식과 믿음의 은사〉 외에 6권의 책들을 차례로 출판하였다.

또한, 척 스미스 목사의 신구약 강해원고를 번역하여 목회자들을 대상으로 갈보리 채플 '성경 강해 학교'도 개설하였으며, 매주 토요일이면 일본에서 공부한 성경적 상담 자기대면 과정을 중심으로 '카운슬링 스쿨'을 열었다. 그러나 IMF로 사회적 분위기가 꽁꽁 얼어붙어 있어 우리가 출판한 서적은 전혀 팔리지 않았다.

무명 목사의 책이 잘 팔릴 리도 없었지만, 설혹 나를 아는 사람이 있다 하더라도 이미 인터넷에 올라가 있는 것을 누가 돈 내고 사보겠는가? 참으로 세상 물정 모르는 한심한 목사였다. 경륜 없는 목사를 잘못 만나 출판에 관여하였다가 큰 손해를 본 곽 집사님은 아이들을 데리고 충주의 친정집 근처로 이사를 갔다.

출판 사업이 실패하며 이미 감당할 수 없는 부채로 인해 더 이상 카페교회를 지탱할 수 없는 형편이 되었다. 마치 자전거 페달을 밟지 않으면 넘어질 것 같은 위기감 속에서 그동안 말씀 가운데서 유지하던 평안과 기쁨도 상실되기 시작했다. 마음속에서는 과연 내가 이렇게 되자고 목사가 된 것인가 하는 생각마저 들며 마음이 강퍅해지기 시작했다.

한때는 싱글 크리스천들이 백여 명씩 모여 예배를 드리며 배우자를 찾기 위한 여러 가지 이벤트도 활발하게 진행되었지만 그들은 자기들의 목적을 이루면 떠나는 철새와 같았다. 임대료를 내지 못하여 고민하는 카페교회의 실상에는 전혀 관심도 없었다. 처음부터 물질에 연연하지 않고 나름대로 사명감으로 힘차게 시작한 카페교회였지만 크리스천들의 이기적인 신앙태도에 서운함마저 쌓이기 시작했다.

어떻게 해서라도 일으켜 보려고 무리를 해서 신문광고를 내며 홍보를 해 보았지만, 서적 출판이든, 성경 강해 학교든, 카운슬링 스쿨이든 하는 것마다 부메랑이 되어 돌아왔다. 날마다 재정 적자에 시달리게 되자 사람 만나는 것조차 겁이 났고, 눌려오는 영적 압박감은 숨쉬기조차 힘이 들 정도가 되었다. 그렇다고 어디로 도망갈 길도 열리지 않았다.

영적 침체

"필경은 화살이 그 간을 뚫게 되리라 새가 빨리 그물로 들어가되 그의 생명을 잃어버릴 줄을 알지 못함과 같으니라"(잠 7:23)

가장 큰 문제는 영적 침체였다. 성경도 보기 싫고 기도도 나오지 않았다. 갈수록 사는 날들이 미워지기 시작했고 인생이 피곤해졌다. 그 삶의 지겨움 속에서 나타난 강퍅한 마음은 나를 따르던 사랑하는 어린 제자들에게 고스란히 아픈 가시가 되었다.

그때 나를 따르던 청년들 셋 중에 아직까지 남아 있는 형제가 최모세 전도사이다. 두 아이의 아비가 된 성일이도 그중에 하나이다. 모세와 성일이는 고등학교 때부터 아들같이 여기던 진욱이와 같은 곳에서 군대생활을 하고 있었다.

지금도 그때만 생각하면 머리가 하얗게 질려 버린다. 내 인생에서 가장 지워버리고 싶은 수치스러운 날들 중에 한 조각이기 때문이다. 설혹 그날의 욕된 원인들이 어디에 있었던지 간에 모든 허물은 나의 몫이다. 어쩌면 이 아이들이 모두 제자의 반열로 돌아오기까지 애통한 마음을 거두지 못할 것 같다.

과거를 돌이켜 보건대 의상실을 경영하던 '이화랑'이란 이름도, 이태원 열애클럽의 '리애마마' 시절의 굴욕도 견딜 수 있었다. 또한, 어머니를 자살로까지 내몬 불효자의 패역함도 견딜 수 있었다. 그때에는 내 인생에 예수가 없었기 때문에 변명할 여지가 있다. 그러나 그리스도의 거룩한 은혜를 욕되게 한 수치는 스스로도 용납할 수 없다. 그러기에 지옥을 멈추기 위한 나의 싸움은 멈출 수 없다. 아! 주님 긍휼을 베풀어 주소서. 나를 불쌍히 여기소서.

그런 중에도 세월은 흘러갔다. 그러므로 사람은 지옥의 기억이라는 짐덩이를 머리에 이고도 꾸역꾸역 살아가게 되어 있다. 빚에 허덕이며 허물과 부끄러움과 온갖 비난과 수모 속에서도 육체는 숨을 쉬고 있다. 이처럼 살아있는 인생은 접을 수 없다. 어떻게 해서라도 살아남아야 하는 숙명과 같은 것이 나를 붙들고 있는 것 같았다. 아마도 내 어머니 혼백의 원은(怨恩)이 아니었을까 싶다.

"네 마음이 음녀의 길로 치우치지 말며 그 길에 미혹되지 말지어다"(잠 7:25)

천사의 시중

"너희 안에서 착한 일을 시작하신 이가 그리스도 예수의 날까지 이루실 줄을 우리가 확신하노라"(빌 1:6)

한번 잘못 들어간 길은 끝장이 나기 전까지는 돌아 나올 수 없다. 후회와 절망 속에서 땅을 치며 후회를 해 보아도 방법이 없다. 인생길은 인과관계 속에서 주변 환경이 설정되기 때문에 설혹 그 길이 잘못된 것을 알았다고 해도 혼자 쉽게 빠져나올 수 없다. 더욱이 영적 상황은 더 심각하다. 사단의 시험이 설정되어 있기 때문이다.

그러나 자신이 선택한 길이 잘못된 것을 안다면 더 이상 일을 벌여서는 안 된다. 인생의 실패는 그 상황을 모면하려고 발버둥을 치며 또 다른 일을 벌일 때 갈수록 심각해진다. 일이 잘못된 줄 알았다면 죽은 듯이 엎드려 때를 기다리는 것이 상책이다. 그것이 몇 년이 될지라도 그렇게 하는 것이 사는 길이다. 그런데도 사람들은 제 무덤을 계속 파고들어 간다. 있는 것을 다 털어놓고 빚을 내고 그것도 모자라면 마누라라도 팔려고 한다.

내게는 쌀 한 톨조차 없었으니 걱정할 것은 없었지만 벌여 놓은 일들로 다달이 늘어나는 카드빚은 돌려막기조차 할 수 없을 지경이 되었다. 이런 때는 어디라도 도망갈 구멍이라도 있으면 좋으련만 사면

초가이다. 이 세상에는 목사가 도망갈 구멍은 처음부터 없었다.

그때 유일하게 나를 지켜 준 청년이 있었다. 그 청년도 부모의 빚에 얽혀 오갈 곳이 없어 동가식서가숙하던 청년이었다. 그 청년이 바로 한의사가 되기 위해 미국으로 유학을 떠난 이상헌 형제이다. 키가 크고 준수하여 옆에 서 있기만 해도 기분 좋고 의지가 되는 형제이다. 상헌이는 그 어려운 상황에서도 성경 강해를 듣기 위해 저녁 식탁을 준비해 가며 몇 명의 교회 청년들을 불러 모았다. 그렇게 해서 우리는 화요일 목요일 그리고 주일마다 성경공부를 하게 되었다. 토요일에는 성경적 상담 자기대면 시간이 상설되었다.

상헌이는 내게 든든한 맏아들 같았다. 교회 일에는 네 것 내 것이 없이 서로의 주머니를 열며 몸을 아끼지 않았다. 오랜 병고에 시달린 어머니를 모시고 사업에 실패한 누나의 가족까지 챙기면서도 조금도 힘든 내색을 하지 않았다. 상헌이와 나는 먹을 것이 있으면 그것으로 만족했고 잠잘 곳이 있으면 그것으로 족했다.

어머니를 떠내 보내던 날도 상헌이는 슬퍼하지 않았다. 어머니의 영혼이 하나님 앞에 잠든 것을 알기 때문이다. 그리고 일 년 남짓해서 열 손가락이 오그라질 정도로 애교가 많은 어여쁜 아내 수현 자매를 만났다. 이 부부는 내가 만난 그 어떤 부부보다 잘 어울리는 커플이다. 그들에게는 돈으로도 살 수 없는 천생연분만이 누릴 수 있는 기쁨과 평안이 있었다. 그들의 기쁨과 평안은 말씀을 사모하는 그들의 믿음 속에서 나온 것이다. 내 생애에 이들 부부처럼 아름다운 부부를 만나기 힘들 것이다. 바울이 아끼던 아굴라와 브리스길라 부부가 이처럼 아름다울까 싶다. 맏아들 같고, 형제 같은 이 부부는 지친 내 심신을 시원케 해 주는 오아시스 같은 섬이다. 이들은 외롭게 살아가는 나를 위로하기 위해 보내신 천사다.

다시스로 떠나는 요나

"그러나 요나가 여호와의 얼굴을 피하려고 일어나 다시스로 도망하려 하여 욥바로 내려갔더니 마침 다시스로 가는 배를 만난지라 여호와의 얼굴을 피하여 그들과 함께 다시스로 가려고 배삯을 주고 배에 올랐더라"(욘 1:3)

결국, 은행 부채 관계를 해결해야 할 때가 되어 카페교회를 정리하기로 하고 합당한 사람을 찾기로 했다. 그러나 보수성향의 한국교회 실정에서 카페교회를 하겠다고 나서는 사역자를 만나기란 쉽지 않다. 다행히 천안 갈보리 채플을 사임한 임한옥 목사가 한남동 카페교회를 맡기로 해서 모든 것을 접고 중국 청도로 떠나기로 했다. 딱히 청도에서 기다리고 있는 사람도 사역지도 없었지만 그때는 어디론가 아무도 모르는 곳에 들어가 숨어 버리고 싶은 마음뿐이었다.

12년 전 갈보리 채플 개척을 향한 원대한 꿈은 사라지고 어느새 오갈 데 없는 육십의 노인이 된 것이다. 마음 한구석에 동성애자들을 향한 빚진 마음이 짓누르고 있었지만, 이제는 그나마 다시 시작할 수 없는 상황이 되고 말았다. 오라는 곳도 없이 막연히 중국에 들어가 어학연수를 하면서 그곳에서 사역을 찾아야겠다는 생각을 갖고 유학 비자 신청을 해 놓은 상태이지만 그 다음 일들이 어떻게 될지 전혀 계획되지 않았다. 무작정 현실도피였다. 그냥 한국에 있는 것이 부끄러웠고 더 이상 사랑하는 혈육들에게 피해를 주어서는 안 된다는 생각이 앞섰다.

그때 마침 미국으로 이민 간 외주 형제가 잠시 서울에 다니러 왔다. 외주 형제는 이태원 갈보리 채플을 개척한 개척 멤버로서 10년 만의 해우였다. 그 형제도 이혼 후 여러 가지로 방황을 하고 있던 때였다. 이심전심으로 서로의 아픈 마음을 이해할 수 있는 터라 잠시 모든 것을 내려놓고 중국 청도로 여행을 떠났다. 그리고 외주 형제와 함께 미국 플로리다에 있는 형제의 여자 친구 집으로 들어가 잠시 쉬기로 했다.

플로리다에 사는 외주 형제의 여자 친구는 한국계 흑인 2세로서 한국말이 능숙했다. 아무 생각 없이 그곳에 머물며 플로리다 해변에 나가 바다낚시도 즐기며 대책 없는 생활 속에 하루하루를 죽이고 있었다. 그래도 목사이고 보니 저녁이면 말씀에 굶주린 두 사람을 데리고 성경공부를 하기 시작했다. 생활 속에서 말씀이 살아나면서 하루 이틀 지내는 사이 그들 주변에 상처받은 한인 자매들이 하나둘씩 모여들기 시작했다.

성경공부를 하면서 영적 눈이 뜨기 시작하자 그들은 미국 플로리다 갈보리 채플 안에 한인예배를 개설하자고 제안했다. 그것도 좋겠다는 생각이 들어 외주 형제와 함께 플로리다 갈보리 채플을 찾아가 한인예배 개설을 제안했더니 흔쾌히 허락하며 예배장소와 함께 필요한 모든 것을 지원해 줄 것을 약속했다.

그런데 문제가 생긴 것이다. 그 지역 한인 목회자들이 찾아와서 왜 자기네 성도들을 데리고 교회를 개척하려고 하느냐고 위협하였다. 그때서야 나는 이것은 하나님의 뜻이 아님을 깨닫고 처음 계획한 대로 중국 청도에 들어가기로 작정을 하고 서둘러서 짐을 챙겨 서울로 귀국하였다.

서울에 돌아온 지 며칠 후 내가 머물렀던 자매의 마을이 허리케인으로 날아갔다는 소식을 들었다. 내가 한국으로 돌아오면서 그 가족들도 여름휴가를 떠나는 바람에 참사를 면했다고 한다. 그 소식을 들으면서 내 이름이 요나인 것이 심히 불만스러웠다. 선지자 요나의 저주와도 같은 생각이 들었기 때문이다.

그러나 3개월 만에 중국으로 들어가기 위해 다시 서울로 돌아와 보니, 그나마 나를 따르던 청년들마저 교회를 떠나버리고 모세와 동생과 누님 가족만 남아 있었다. 또한, 임한옥 목사님은 건강상의 이유로 다시 교회를 내게 위임하였다. 결국, 다시 원위치로 돌아온 것이다.

하나님의 책망

"하물며 이 큰 성읍 니느웨에는 좌우를 분변하지 못하는 자가 십이만여 명이요 기축도 많이 있나니 내가 아끼지 아니하겠느냐 하느니라"(욘 4:11)

어쩔 수 없이 중국행을 접고 다시 사역 현실로 돌아와 보니 갑자기 한국은 동성애 차별금지법 문제로 시끄러웠다. 민노당은 성소수자 인권을 당의 강령으로 설정하고 성전환자특별법 제정을 준비하며 국회에서 공청회를 개최하였다. 공청회장에는 레즈비언으로 커밍아웃하여 종로 국회의원으로 출마한 바 있는 최현숙씨가 앞장서고 있었으며, 여러 동성애 인권단체와 하리수와 같은 트랜스젠더들이 지원하고 있었다. 또한, 그 공청회에는 성전환 수술의 세계적인 대가로 자칭하던 부산 동아대학교 의대 김석권 박사를 비롯하여 각 대학에서 선임된 심리학 교수들이 패널로 참여하고 있었다.

미국에서 돌아오자마자 이런 상황을 접하게 되자 가슴 속에서 견딜 수 없는 분노가 치밀어 올랐다. 선교대국이라고 자처하는 한국 심장부에서 이런 일이 공공연하게 진행되는 동안 나는 과연 무얼 하고 있었는가 생각하니 지나간 날들이 한심스러웠다. 그동안 싱글 청년들을 위한 결혼사역에 열정을 쏟았던 7년의 세월들이 허망스러웠다. 뻐꾸기 빈 둥지를 지켜온 내가 한심스럽고 또 수치스러웠다.

실패한 인생의 지나간 날들은 생각하면 할수록 허망해진다. 일본에서 들어와 12년 동안 무엇을 했단 말인가? 크리스천 웨딩사역이 나와 무슨 관계가 있었단 말인가? 출판은 또 뭐고, 그런 것들이 하나님과 내게 무슨 유익이 있었던가? 갈보리 채플 개척도 제대로 하지 못하고 결국 빚투성이가 된 채, 무책임하게도 어디론가 도망치려고 했던 요나! 하나님의 부르심의 날들을 노닥거리고 있는 사이 벌써 육십이나 된 것이다. 분노의 마음을 삭이지 못하고 성전환특별법 제정 반대에 대한 칼럼을 인터넷에 올리고 있을 때 하나님의 책망의 목소리가 들려왔다.

"요나야, 네가 왜 분노하느냐? 내가 너를 온전케 하여 보낸 지 12년이 되었는데, 그동안 너는 무엇을 하였느냐?"

그 순간 요나 선지자를 책망하시는 하나님의 음성이 뇌리를 스쳐갔다. 그때서야 다시 하나님께 무릎을 꿇고 주께 용서를 구하였다.

"주님! 제게 10년의 시간을 더 주시면 주께서 내게 이끌어 오신 사람들에게 그리스도의 복음을 성실히 전하겠습니다. 내게 보내신 자들을 성실히 섬기겠습니다."

천신만고 끝에 하나님의 은혜로 동성애로부터 탈출하여 복음 사역자가 되어 서울에 돌아온 지 12년이 지난 후에야 내가 할 일이 무엇인지를 깨닫게 된 것이다. 그러나 안타깝게도 내가 사명을 저버리고 다른 일에 빠져 있는 동안 과거 나의 동료였던 동성애자들이 하나둘씩 죽어가고 있었다.

  그들은 에이즈나 매독, B형간염과 같은 고질적인 질병과 호르몬 과다투여로 인한 후유증과 알코올, 약물중독으로 신음하고 있었다. 이미 성전환 수술을 한 사람들의 상황은 말할 것도 없다. 더 가슴 아픈 일은 이십대 전후의 동성애자들이 정신과의사들을 찾아가 한두 번 정체성 상담을 하고 '성전환증'이라는 처방을 받고 호르몬 투여를 하면서 여러 성형외과에서 마구잡이로 성전환 수술을 하고 있다. 이와 같이 한국은 돈이면 뭐든지 할 수 있는 나라가 되고 만 것이다. 우리 아들들이 하리수와 같이 성전환 할 수 있고, 또 호적변경을 통하여 법적으로 여자가 되어 버젓이 우리 아들들과 결혼을 할 수도 있는 세상이 된 것이다.

제10부

그들은 모두 주가 필요해

탈동성애 사역
마귀가 할퀴고 간 흔적
김마리네의 회복
막차로 떠난 소영이
보카치오 마마의 회심
이태원을 향한 꿈

– 동성애자 한 사람의 고통의 질주가 주님을 만나게 될 때 –

동성애로 인하여 에이즈에 감염되어 말기상태가 된 수많은 동성애자들은 질병의 고통과 그들에게 질병을 가져다 준 동성애에 대한 후회로 남은 인생을 살아가지만, 세상은 이들의 눈물 어린 고백에 관심을 갖지 않고 있습니다. 오히려 이 시대의 언론들과 정치인들은 대부분이 동성애 이슈를 부추기고 있습니다. 그러나 동성애의 유혹과 호기심에 동성애에 이끌려 에이즈에 감염되어 죽어가는 사람들 대해서는 사회적 관심을 갖지 않는 것은 무책임한 일이 아닐 수 없습니다.

이런 무책임한 시대에 분노를 느끼던 중, 천금보다 귀한 진실한 고백 이요나 목사님의 신앙고백 〈리애마마〉가 출판되어 심히 기쁩니다. 늦었지만 더러운 영들이 감추려 하였던 동성애의 진실들을 알릴 기회가 열렸기 때문입니다. 평소에 이요나 목사님의 간증에 대해 관심을 갖던 중 자전적 에세이 〈리애마마〉 초고를 읽게 되었는데, 이 책의 첫 장을 열자마자 손에서 놓지 못하였습니다. 동성애가 무엇인지, 그리고 동성애에서 벗어나는 것이 어떤 것인지에 대한 목사님의 살아있는 증거를 읽는 내내 감동의 눈물을 멈출 수 없었습니다.

동성애자 한 사람의 고통의 질주가 주님을 만나게 될 때 이렇게 위대한 메시지가 된다는 것에 놀라울 뿐입니다. 그리고 하나님께서 동성애자들을 사랑하시며 구원하시기 원하신다는 강렬한 메시지에 깊은 공감을 갖습니다. 부디 이 책이 청소년들의 성정체성을 바로잡는 길라잡이가 될 것을 믿어 의심치 않습니다.

염안섭 원장 (수동연세요양병원장, 의료기관평가인증원 심의위원)

게이와 트랜스젠더

최근 성공한 동성애자들의 아이콘으로 부각되고 있는 개그맨 홍석천 씨가 서울대 신입생 대상의 특강에서 발언한 내용이 화제가 되었다. 학생들의 질문에 홍석천 씨는 현재의 애인을 포함해 3명을 사귀었다고 하면서 "우리(동성애자)가 4년 사귄 거면 스트레이트(이성애자)로 치면 40년을 사귄 것이나 마찬가지"라고 말했다. 이는 그만큼 동성애자들이 마음에 맞는 애정 파트너를 찾기도 힘들고 또 애정행각을 이어가기도 쉽지 않다는 말이기도 하다.

홍석천 씨는 두 번째 질문에서 "동성애와 트랜스섹슈얼은 다르다.", "내가 단 한 번도 여자가 되고 싶다거나 수술을 하고 싶단 생각은 한 번도 없었다. 내 성기가 얼마나 예쁜데. 그걸 왜 자르나?"[1]고 자신의 동성애 성생활에 대한 자부심을 자랑하듯 털어놓았다. 그러나 홍석천 씨의 "동성애와 트랜스섹슈얼은 다르다."는 말은 성전환수술을 한 사람들과는 다르다는 뜻이지, 섹스 행위와 연애성질이 다르다는 뜻은 아니다. 게이들은 상황에 따라 모두가 여성적 성향을 갖고 있고 레즈비언들은 대부분 남성적 성향을 갖고 있는 것이 사실이다.

많은 사람들이 동성애자와 트랜스젠더의 세계를 전혀 다른 측면으로 보아야 한다고 오해하고 있다. 동성애자들은 후천적이지만 트랜스젠더는 타고난 성전환증 환자라고 생각한다. 그러나 절대 그렇지 않다. 그 문제는 이 글을 쓰고 있는 나 자신이 확실하게 증명할 수 있다. 동성애자였던 나도 트랜스젠더의 길로 들어갔고 백여 명 이상의 트랜스젠더들을 데리고 있었기 때문이다.

어떤 유명 목사들조차 여성적으로 타고난 동성애자들에 대하여는 고려할 여지가 있다는 궤변을 쏟아 내고 있다. 그러나 타고난 동성애자는 하나도 없다. 만약 그들의 말이 맞는다면 동성애를 정죄한 성경이 잘못이고 남자와 여자로 창조하였다는 창조의 근간이 오류가 된다.

이미 앞에서 언급한 것과 같이 나는 결격 사유가 전혀 없는 정상적인 남자로 태어났다. 비록 초등학교 5학년 때부터 여성적인 외모에 온순하고 나약한 성격이라 어려서부터 주변에서 예쁘다, 계집아이 같다는 말은 자주 들었지만, 동성애자로 태어났다고 할 근거는 하나도 없었다.

대부분의 동성애 성향자들은 사춘기가 시작되면서 자연스럽게 나타난 성적 본능에 이끌려 자위를 시작하면서 자신의 성에 매력을 가지게 되며 친구들과의 자연스러운 스킨십 속에서 남자에 대한 성적 매력을 느끼게 된다. 그 과정에서 친구들에게 연애감정을 느끼면서 자연스럽게 동성연애 행위가 발생하고 그 빈도가 빈번해지면서 스스로 여자가 되고 싶은 생각에 사로잡히게 된다. 그러나 우리 때에는 윤리가 살아 있던 터라 도덕적 제도권을 상실한 탕자가 아니면 여성화로 전환할 수 없는 시대였다. 그러나 어느 시대에든 여성화된 동성애자들은 많이 있었다.

나의 경우는 어머니의 영향으로 도덕적 관념이 강한 배경 속에서 자라났기 때문에 표면적 자존심이 강해 겉으로는 더욱 남자다움을 지키고 싶었고 내면으로는 여성적 성향이 짙었다. 그 결과 위선적 외유내강의 성격 소유자가 되었지만, 어머니의 죽음 이후 더 잃을 것이 없었기에 동성애자의 삶을 택하여 게이바, 호스트클럽을 이어 한국 최초의 트랜스젠더 클럽을 열고 리애마마의 길을 선택하였다.

어떤 사람들은 여자같이 예쁜 동성애 성향자들이 트랜스젠더의 길을 선택한다고 생각한다. 그것도 낭설이다. 내가 운영하던 열애클럽에는 180센티의 이미자 목소리를 가진 형제가 있었다. 그가 여장을 하기 전까지는 일반 카바레 같은 곳에 멋진 남자의 모습으로 이미자 모창가수로 불려 다니던 청년이다. 그러나 그는 일본에까지 건너가 트랜스젠더 생활을 하였고 돌아와서 성전환 수술을 한 후 호적을 변경했다. 하리수와 같은 외모를 가진 경우는 극소수에 달한다. 그러나 일본에서 내가 만난 하리수도 예쁘장하게 생긴 청년이었다.

대부분의 트랜스젠더는 남자의 뼈대와 턱수염이 수두룩함에도 모근 수술까지 하면서 호르몬 투여를 하고 성전환 수술을 한다. 그러므로 트랜스젠더의 출발은 모두 동성애자이고 그들의 본질은 남자이다.

그러나 중요한 것은 저들이 지금까지 어떤 생활을 하였든지, 설혹 성전환 수술을 하여 호적을 변경한 사람일지라도 하나님께 돌아오면 그들 안에는 그리스도인의 인격이 회복되기 시작한다. 그들이 과거에 어떤 죄를 범했든지 간에 죄인 됨을 고백하고 예수 그리스도의 이름으로 나아가면 그들은 우리와 동일한 성도이다. 하나님은 외모를 보시지 않고 우리와 같은 동일한 은혜와 사랑으로 이들의 영혼과 삶을 지킬 것이다. 이것이 그의 성도들을 대하시는 하나님의 공의이며 사랑이다. 그러므로 이들에게 구원의 복음을 전하는 일이 우리 교회의 사명이고 탈동성애자인 나의 소명이다.

마귀가 할퀴고 간 흔적

"먹다 남은 밥그릇 덩이 옆에 말라붙은 멸치조림은 더 이상 사람이 먹을 음식이 아니었다."

　하나님 앞에 동성애 사역을 하기로 서원을 하면서 새로운 길이 열리기 시작했다. 십여 년 동안 갈보리 채플 사역을 하면서도 동성애자에 대하여는 생각도 하고 싶지 않았었는데, 마음속에 그들을 향한 복음적 소망이 생겨났다. 어머니를 잃은 이후부터 얼음장같이 굳어 버린 냉정한 마음속에 아비의 마음이 생기기 시작했다. 마음의 결단을 내리고 바로 이태원으로 나가 옛 동료들을 돌아보고 병들어 누워있는 그들에게 복음의 소망을 전하고 그들의 필요가 무엇인가 찾아 나섰다.

　그러나 내가 하나님의 뜻을 떠나 딴청을 부리고 있었던 사이에, 과거 나를 알던 많은 형제들이 이미 세상을 떠나 버렸다. 내가 좀 더 일찍 나섰다면 그들의 영혼이라도 구원할 수 있었을 것이다. 그들은 가족들에게 배척을 받고 오갈 데 없이 거리를 전전하다가 여러 가지 질병으로 소리 소문도 없이 하나둘 죽어갔다.
　일본까지 가서 살길을 찾았던 클레오파트라 트랜스젠더 클럽을 운영하던 지혁이 형도 객사하였다고 한다. 이렇게 동성애의 고통 속에서 살다가 세상을 떠난 형제들을 손으로 세면 열 손가락이 부족하다.

그들 중에서 내가 제일 먼저 찾고자 한 사람은 김유복 형제이다. 그는 한국 최초의 여장남자로서 MBC 라디오 방송국 전속가수였다. 그는 마리네 김이라는 이름으로 '열애클럽' 메인 싱어로 일을 했었다. 동경 신주쿠에 '벨라미'라는 클럽을 오픈했을 때에도 함께 했었다. 마리네 김은 라틴계 팝을 즐겨 불렀다. 그는 절대음감의 소유자로, 그의 노래를 듣고 있노라면 가슴 깊은 곳에서 기쁨이 솟아나는 듯 했다. 마리네 김의 가창력은 그 당시 클럽을 찾던 패티 김, 현미, 나훈아, 남진, 임희숙과 같은 중견 가수들도 혀를 내두를 정도였다.

사실 내가 그를 다시 만난 것은 일본에서 돌아와 이태원에 교회를 개척했을 때였다. 수소문 끝에 찾은 그는 이태원 허름한 옥탑방에서 허리 통증을 호소하며 아무 일도 못하고 누워있었다. 온통 검은 커튼으로 둘러진 방안은 밤낮 빛이 차단된 상태였다. 언제 틀어 놓았는지 모르는 케이블 티브이는 혼자서 떠들고 있었다.

몇 날을 감지 못한 머리에서는 쉰내가 났고 땀에 흠뻑 젖은 몸을 닦아 주기 위해 이불을 제치니 찌든 땀내가 물신 풍겼다. 따뜻한 물에 수건을 적셔 상반신을 닦고 허리 밑으로 내려가니 사타구니에 온통 피고름이 맺혀 있었다. 가려움을 이기지 못하여 피가 나도록 긁어댄 것이다. 이는 여성호르몬 과다 투여 후유증이다.

노숙자라도 이보다 더 악한 상황은 아닐 것이다. 사람이 움직일 수 없이 수년을 누워있다는 것은 살아 있는 송장과도 같다. 그 당시 나는 오십 대였고 내 생전 그런 경황을 보지 못했던지라 보는 것조차도 심히 참을 수 없는 상황이었지만 그리스도의 종이라는 의지가 고통의 현장을 참아내고 병시중을 들게 하였다. 그날부터 나는 삼일이 멀다 하고 먹을 것을 싸들고 유복 형제의 집을 방문하며 방청소와 세탁물을 정리해 주며 소망의 말씀을 전했다. 매일같이 따뜻한 밥을 먹으며 매일 같이 설교 테이프를 통해 복음을 들은 유복 형제는 삶의 소망을 갖기 시작했다.

석 달 후, 크리스마스가 가까운 어느 날, 유복 형제는 지팡이를 짚고 엉금엉금 기어서 교회를 찾아 왔다. 근 일 년만의 외출이라 하였다. 집에서 20분 거리였지만 쉬엄쉬엄 오는 데 한 시간이나 걸렸다고 한다. 눈물이 글썽거리는 눈망울 속에 하나님을 향한 소망이 서려 있었다. 죽을 힘을 다해 교회 계단을 엉금엉금 기어 내려온 유복 형제를 부둥켜 안고 한참을 울었다. 그는 이제 남은 일생을 오직 예수님만 믿고 살겠다고 다짐을 했다. 우리는 감사함에 못 이겨 서로 부둥켜 안고 한참을 울었다.

나는 유복 형제를 위해 교회 안에 있는 작은 침대를 하나 들여놓고 그동안 갖고 있던 여자 옷과 장신구들을 모두 내어 버리고 남자 의복으로 바꾸어 주었다. 그의 믿음 안에 산 소망이 생기자 몸의 회복도 빨랐다. 몇 달 전만 해도 산송장 같은 그가 이제는 앞장서서 예배 찬송을 인도하기 시작했다. 우리는 신년 새해에 동경 호라이즌 채플 가루이자와 신년축복예배에도 함께 참석했다.

그 후 육 개월 정도 지난 다음 그의 몸이 거의 완쾌될 즈음 유복 형제의 표정이 어두워지기 시작했다. 나중에 안 일이지만 그는 내가 퇴근한 후 간간이 과거의 친구들을 만나기 시작했던 것이다. 그 당시 나는 교회와 관련된 여러 가지 문제로 골머리를 앓고 있었다. 느닷없이 교회 건물이 팔려 곧 비워 주어야 할 지경에 이르렀고 보증금도 다 까먹은 상태라서 우리 교회는 어디로 가야 할 곳도 없었다.

교회의 어려운 상황을 알게 된 유복 형제는 더 이상 나에게 폐를 끼치지 않으려는 생각으로 편지를 써 놓고 교회를 떠났다. 그 후 우리 교회는 문을 닫고 동생 집에서 가족예배를 드리기 시작했다. 그 후 유복 형제의 소식을 들을 수 없었고 나 또한 내 한 몸 지탱하는 것이 힘이 들어 누구를 생각할 겨를도 없이 고달픈 세월을 살아야 했다. 이 이야기는 앞에서 언급된 한남동에서 시작한 카페교회 이전 때의 일이다.

김마리네의 회복

"이불 사이로 가슴에 넣은 실리콘 컵 유방이 사과덩이처럼 덩그러니 내비쳤다. 이 상황이 되면 보편적인 사람의 인성은 찾을 길이 없다. 견딜 수 없도록 가슴이 무너져 내리는 고통이 느껴졌다."

그 후 십이 년 뒤, 내가 육십이 되던 해, 동성애자들을 돌아보기로 하나님 앞에 서원한 후 나는 김유복 형제의 소식을 다시 들을 수 있었다. 수소문 끝에 옛 열애클럽 시절 최고의 여장 미인이었던 세실리아의 손을 붙잡고 찾아간 유복 형제는 이태원 이슬람 사원을 한참 지나 산동네 도깨비 시장 허름한 이층집 옥탑방에 기저귀만 찬 알몸으로 누워 있었다.

머리는 언제 손을 보았는지 제멋대로 흐트러진 가시덤불과도 같았다. 몸을 돌이킬 때마다 이불 사이로 가슴에 넣은 실리콘 컵 유방이 사과 덩이처럼 덩그러니 내비쳤다. 이 상황이 되면 보편적인 사람의 형상은 찾을 길이 없다. 가슴에서 쓴 물이 쏟아지는 고통이 느껴왔다.

먹다 남은 밥그릇 덩이 옆의 반찬통 바닥에 말라붙은 멸치조림은 더 이상 사람이 먹을 음식이 아니었다. 잡다한 쓰레기봉투 몇 개를 치워야 겨우 한 사람 앉을 수 있는 단칸방이었다. 문틈으로 들어오는 칼바람을 막기 위해 누렇게 바랜 이불보를 쳐 놓은 상태이다.

그는 더 이상 인간이기를 포기한 것 같았다. 어디서부터 손을 써야 할지 머릿속이 하얗게 되었다. 그때 마음 한구석에서 찬양이 흘러나왔다. 13년 전 그가 우리 교회에 나올 때 함께 부르던 노래였다. 내가 찬양을 부르자 유복 형제도 눈물을 흘리며 따라 부르기 시작했다.

매일 스치는 사람들 내게 무얼 원하나
공허한 그 눈빛은 무엇으로 채우나
모두 자기 고통과 두려움 가득
감춰진 울음소리 주님 들으시네
그들은 모두 주가 필요해
깨지고 상한 마음 주가 여시네
그들은 모두 주가 필요해
모두 알게 되리 사랑의 주님
캄캄한 세상에서 빛으로 부름 받아
잃어버린 자들과 나누라고 하시네
주의 사랑으로만 사랑할 수 있네
우리가 나눌 때에 그들 알겠네
그들은 모두 주가 필요해
깨지고 상한 마음 주가 여시네
그들은 모두 주가 필요해
모두 알게 되리 우리의 사랑으로
그들은 모두 주가 필요해

유복 형제는 칠십칠 세가 된 지금도 움직이지 못한 채 간병인의 도움으로 하루하루 살고 있다. 그 당시 동성애 사역을 하던 엘리슨 여선교사의 후원으로 재수술을 받았으나 결국 일어서지 못한 채 인고의 세월을 살고 있다. 내가 그런 그를 도울 수 있는 것은 고작 한 달에 두세 번씩 방문하여 함께 기도하고 담소를 나누는 것뿐이다. 벌써 십여 년을 누운 채 허리와 다리 통증으로 신음하면서도 남은 호흡을 세며 살아가는 유복 형제를 볼 때마다 생명의 고귀함을 느끼게 된다.

얼마 전 우리는 더 늦기 전에 유복 형제의 증언을 동영상으로 남겨 놓기로 했다. 상우 형제가 영상 촬영과 편집을 맡아 주었다. 때마침 탈동성애 다큐멘터리를 제작하기 위해 한국을 찾은 브라이언 김 감독님도 유복 형제의 영적 승리의 모습을 영상으로 담아 갔다. 내가 떠난 후에도 유복 형제의 회심은 탈동성애를 소망하는 청년들에게 큰 용기를 주게 될 것이다.

유복 형제는 이제 더 이상 침륜에 빠질 일이 없다. 그에게는 오직 하늘의 소망이 있을 뿐이다. 그는 인터뷰에서 "내가 좀 더 살 수 있다면 철없는 아이들에게 동성애의 삶이 얼마나 고통스러운 것인지를 전하고 하나님께 돌아가라고 전하고 싶다."고 말하였다. 평생을 동성애자로 살면서, 또 한국 최초의 트랜스젠더로 살아온 김유복 형제는 이제 그리스도인의 삶을 살고 있다. 몸은 비록 견딜 수 없는 통증으로 울부짖고 있지만 그의 영혼은 쉼을 얻은 것이다. 주님, 이 형제의 영혼을 기억하소서. 아멘, 아멘!

막차로 떠난 소영이

"리애마마, 고마워요. 예수님, 감사해요. 이렇게 소영이는 나보다 먼저 천국에 입실하였다."

어느 날 이태원에서 트랜스젠더 생활을 하는 형제로부터 전화가 왔다. 전에 열애클럽에서 마담으로 일하던 민소영이가 서울대학 병원 중환자실에 입원하였는데 위중하다고 하였다. 나는 동사무소로 연락하여 연고자 수소문을 의뢰하고 급히 병원으로 달려갔다. 소영이는 이미 에이즈 감염 말기 증상에 접어들어 산소 호흡기를 끼고 있었다. 온몸은 살가죽만 뼈에 붙어 있었다. 사람의 형상을 찾아보기 힘들 정도로 피부 괴사가 진행되고 있었다. 내 생전 처음으로 만나보는 에이즈 감염자였다. 소영이 소식을 듣고 30년 만에 달려온 누나들도 겁이 나서 마스크와 장갑을 낀 채 멀찌감치 떨어져 바라보고 있었다. 옛날 같으면 이런 상황이면 한 방에 있는 것조차 거절했을 것인데 어디서 용기가 났는지 두려움 없이 소영이의 손을 잡아 주었다. 코끝에 남은 얇은 숨을 내쉬던 소영이가 손끝에 닿은 체온을 느꼈는지 파르르 떨었다. 순간 내 마음속에서 소영이의 호흡이 남아 있을 때 그의 영혼을 구원해야겠다는 생각이 들었다.

"사랑하는 주님, 이 시간 소영이의 영혼을 위해 간절히 기원합니다. 소영이는 나의 오랜 친구입니다. 또한, 소영이는 과거 나와 함께 하나님을 믿었던 형제입니다. 온전한 때를 얻지 못하여 이 순간까지 죄인의 삶을 살아 왔지만 그래도 주님 긍휼히 여겨 주세요. 이제 소영이가 주 앞에 가서 편히 쉬게 해 주세요. 예수 그리스도의 이름으로 기도합니다. 아멘!"

기도가 끝나자 소영이의 손끝이 떨리며 내 이름을 불렀다.

"아! 리애마마······."
"소영아, 그래. 나다. 리애마마다."
"고마워요. 목사님······."
"고맙긴, 우린 친구인데······ 우린 형제 아닌가?"
"아······ 친구······ 형제······."
"소영아, 너 하나님 믿지? 예수님 믿지?"
"네······ 마마가 나를 교회 데리고 갔잖아요······ . 나 예수님 믿어요······."
"그럼 되었다. 네 영혼을 주께서 맡으실 게다. 이제 편히 쉬거라······."
"네, 마마······ 그런데 나 지옥가지 않을까요? 죄를 많이 지어서요······."
"별 소리를······ 하나님을 믿는데 왜 지옥을 가냐? 예수께서 네 모든 죄를 다 용서하셨다. 너는 나와 함께 천국에 들어갈 거다."
"네······. 리애마마, 고마워요······. 예수님, 감사해요······."

그리고 며칠 후 소영이는 천국으로 떠났다.

나는 이태원에 있는 아이들을 모두 불러 모았다. 소영이에게는 그 아이들이 가족이요 친구였기 때문이다. 노라, 미래, 색자, 주자, 쨍그랑 그 외에 십여 명의 트랜스젠더들이 장례식에 참여했다. 나는 소영이의 시신을 그대로 떠나보내는 것이 아쉬워 벽제 납골당에 안치했다. 생전 처음으로 내 손으로 장례라는 것을 치러 보았다. 이렇게 소영이는 나보다 먼저 천국으로 입실하였다.

보카치오 마마의 회심

"주일날이면 여장을 예쁘게 차려입고 애완견 뽀삐를 데리고 교회로 나왔다. 그의 복장은 나와 함께 예배를 드리는 데 전혀 문제가 되지 않았다."

소영이를 떠나보낸 후 명동 의상실 시절부터 친구였던 보카치오 클럽 마마 명산이를 찾아 나섰다. 이태원에서 트랜스젠더 클럽을 할 때는 서로 경쟁 상대였지만 이제 나는 그의 영혼을 구원해야 할 복음 전도자이다.

어렵게 수소문해서 찾아 간 곳은 이태원 이슬람사원 인근의 산동네 반 지하실 단칸방이었다. 명산이는 심한 간경화증으로 고통을 받고 있어 지하에 살면 건강에 치명적인데 그나마 가스마저 끊어져 전기난로에 의지하여 추운 겨울을 지내고 있었다.

방문을 열고 들어서자 명산이는 눈물을 흘리며 성큼 내 손을 잡았다. 사람이 그리웠던 것이다. 수십여 명을 거느리고 보카치오 클럽을 운영하던 게이바 마마였는데 병에 드러눕자 이제는 아무도 찾아오지 않았다. 아직도 이태원 거리에는 엄마라고 부르던 아이들이 활보하고 있는데도 그들은 자기 살기에 바빠 과거 자기들을 걷어준 마마를 외면하고 있었다.

나 역시 일본에서 잠깐 만난 후 20여 년만이다. 명산이의 얼굴은 이미 병색이 짙었다. 그 상황에서도 명산이는 아직 나이가 차지 않아서 정부의 보조금조차 받을 수 없었다. 병원에 가서 진단서를 떼고 탄원서를 작성하여 구청을 찾아갔다. 기초생활 수급자로 등록이 되면 생활비 걱정을 덜 수 있기 때문이다. 가장 큰 문제는 밀린 방세 때문에 집을 옮길 수도 없었다. 할 수 없이 집주인을 만나 밀린 집세를 반으로 퉁 치기로 하고 현금 서비스를 받아 보증금 200만원에 월세 25만원 사글셋방으로 옮겼다. 명산이는 이미 배에 복수가 차올라서 한 달에 한 번씩은 입원을 해야 했었다.

그런 중에도 명산이는 주일날이면 여장을 예쁘게 하고 애완견 뽀삐를 데리고 교회로 나왔다. 가지고 있는 옷이 여자 옷밖에 없으니 어쩔 수도 없었지만, 평생 여자 옷을 입고 살아온 터라 새삼스레 남자 옷을 입는 것 그 자체가 더 어색했다. 그러나 그의 복장은 예배를 드리는 데 전혀 문제가 되지 않았다. 명산이는 나와 함께 예배를 드리고 점심을 나누며 남은 생애를 그리스도인으로 살다가 주님 앞으로 돌아갔다. 내 손으로 두 번째 친구를 하늘로 보냈다. 억울하고 고달픈 인생을 살다 간 친구들을 보내야 하는 아픔은 견딜 수 없었지만, 막차라도 태워 천국에 보낼 수 있어 마음에 위로가 되었다.

이태원을 향한 꿈

이태원은 내 인생에서 가장 화려한 삶을 펼치던 소돔성이다. 비록 동성애자로서, 여장남자로서 거리를 활보하던 시절이라 할지라도 내 인생에서 황금기였던 것만은 사실이다. 그 당시만 해도 동성애자들을 버러지만도 못하게 여기던 시절이다. 게이, 동성애자란 말보다는 '호모 새끼'라는 말들이 거침없이 쏟아져 나왔고 얼굴에 침을 뱉으며 조롱과 멸시와 혐오를 해도 말리는 사람이 없었다. 길거리 배회하던 어설픈 트랜스젠더들이 건달들에게 얻어맞고도 고소도 못하는 일은 다반사였다.

마치 운명과도 같이 열애클럽을 운영하게 되어 내가 제일 먼저 한 일은 트랜스젠더를 꿈꾸는 게이들의 끼를 개발시키는 것이었다. 나는 사업상 그들이 필요했고 그들은 자기들을 키워줄 내가 필요했었다. 이렇게 세상이 요구하는 악의 수요와 공급은 절묘하게 들어맞는다. 마치 예능프로를 즐기는 현대인들처럼 그 당시 상류층 인사들이 열애를 찾기 시작하면서 그들의 눈높이에 맞는 고품격 엔터테인먼트를 만들어 내어야 했기 때문이다.

게이들은 대부분 노래와 춤과 재담에 특출한 재능들은 갖고 있었지만, 남자로 살면서 내면적인 게이 생활을 하던 때라 선머슴처럼 잘 다

듬어지지 않았다. 그들의 입은 마치 더러운 하수도와 같아 사람들의 배꼽을 잡을 화류계 용어들이 거침없이 쏟아졌다. 그런데도 사람들은 그러한 아이들의 입담을 즐기러 찾아 왔다.

   신입 게이가 들어오면 각 마담 서열 밑에 두어 시중을 들게 하고 청소 잔심부름 주방 일들을 해 가면서 트랜스젠더의 수련을 받는다. 그 생활 속에서 머리 손질법, 화장법을 터득하며 자기 몸에 맞는 의상을 입고 걸음걸이를 습득하고 고객을 맞이해 인사하는 법을 배우기까지는 최하 6개월에서 1년 이상 걸린다.
   세상에서 얼마나 여자행세를 하고 살았느냐에 따라서 그 기간은 짧아진다. 그 과정에서 노래와 춤을 배우고 절기별로 개편되는 패키지 쇼에 배정되면 그제야 손님 테이블에 들어갈 수 있다. 또한, 외국인 접대를 위해 간단한 영어와 일본어 인사말을 가르쳤다. 그 결과 열애클럽에서 훈련을 받은 트랜스젠더들은 어디를 가든지 A급 대우를 받으며 사랑을 받았다.

   지금 생각하면 참으로 헛된 일에 힘을 쏟고 악을 키워낸 온실과도 같다. 예수를 믿으면서도 그 많은 열정과 노력이 하나님 앞에 드려지지 못하고 세상의 유혹에 불태워버렸으니 참으로 안타깝고 억울한 인생이었다. 그래서 이태원을 생각하면 마음 한편에는 다시 한 번 시작하고 싶은 뜨거운 마음이 솟아오른다.

최근 방송사들의 요청으로 탈동성애운동과 관련하여 다큐멘터리를 찍으며 이태원을 자주 방문하게 되었다. 어느새 이태원 거리는 완전한 소돔성으로 변신하여 있었다. 이슬람 사원을 중심으로 몰려든 모슬렘들과 넘치는 중국인, 일본인 관광객들로 이태원은 완전한 이방인의 거리가 되었다. 그들 속에 밤이면 피는 꽃들이 있다. 게이들의 물결이다. 젊은 게이들의 요람 게이클럽과 트랜스젠더 클럽의 네온사인이 켜지면 이태원의 밤은 뜨거워지기 시작한다. 거리에는 젊은 게이들이 활보하고 있고 모퉁이 길에서는 외국인이든 젊은이든 관여치 않고 부둥켜 앉고 키스를 하고 있다.

그 거리를 걸을 때마다 마음속에서 불이 일어난다. 이 거리에도 예수를 기다리는 영혼들이 있을 것이라는 생각 때문이다. 이미 38년 전에도 이 거리에서 나를 찾아낸 복음의 천사가 있었다. 그러니 아직도 이 거리에는 주의 천사를 기다리는 영혼들이 있을 것이다. 무거운 부담감 속에서 어느새 내 마음 속에서는 뜨거운 기도의 불이 지펴지기 시작했다.

- 하나님 이 거리를 어찌하면 좋겠습니까?
- 하나님 어떻게 하면 저들을 구원할 수 있습니까?
- 요나에게 주신 능력을 내게 부어 주소서.

1) http://news.donga.com/3/all/20070518/8443553/1 동아닷컴

제11부

탈동성애 사역

탈반시티
홀리 라이프 사역
동성애 사슬
죄로부터 커밍아웃
동성애 상담 시스템

― 동성애를 대응할 통찰의 지혜서 ―

최근 미국의 동성결혼 합법화와 함께 대한민국에서도 동성결혼 합법화를 위한 움직임이 거세지고 있습니다. 뿐만 아니라, 차별금지라는 이름으로 선량한 시민들을 역차별하는 차별금지법안이 논의되면서 동성애는 오늘날 우리 사회에서 가장 뜨거운 이슈 중 하나로 자리 잡아 가고 있습니다. 이와 같은 영적 위기 속에서 이요나 목사님의 삶과 간증은 우리 모두에게 동성애를 대응할 통찰의 지혜를 줍니다.

동성애의 심각성을 그 누구보다도 잘 이해하고 계실 뿐 아니라, 동성애자들의 고뇌와 아픔을 잘 이해하고 계시는 이요나 목사님의 자서전 〈리애마마〉를 통해 우리 성도들이 함께 동성애자를 향한 그리스도의 마음을 갖게 되길 기도하며, 여러분들께 일독을 권합니다."

이태희 변호사 (미국 변호사, 법무법인 산지, 윌버포스 아카데미 대표)

탈반시티

"너희 중에 이와 같은 자들이 있더니 주 예수 그리스도의 이름과 우리 하나님의 성령 안에서 씻음과 거룩함과 의롭다 하심을 받았느니라"(고전 6:11)

방황을 멈추고 다시 교회로 돌아오자 나를 따르던 몇 명의 제자들이 다시 돌아왔고, 우리는 각자의 주머니를 털어 카페교회를 리모델링하여 아담한 예배처소를 만들고 상담실도 만들었다. 그리고 다음 인터넷카페 크리스천상담실 '탈반시티[2]'를 개설하고 상담 사역을 시작하며 동성애자들의 회복을 위한 칼럼을 쓰기 시작했다.

그때서야 동성애자들에게 복음을 전하고, 영혼을 깨우치며, 각종 질병으로 고통 받는 이들을 돌보는 것이 나의 사명이라는 확신이 생겼다. 내가 이런 생각을 하게 된 데는 몇 가지 이유가 있다. 그 이유 중에 하나는 한국교회들은 교회성장운동에 치우쳐 동성애자 구원에 관한 일에는 전혀 관심을 두고 있지 않았기 때문이다.

또 다른 이유가 있다면 유신독재 이후 민주화 운동이 일어나면서 동성애 문화가 급속도로 확산되었고, 급기야는 동성애 문제가 정치적 이슈로 등장하였기에 저들의 친동성애 운동에 제동을 걸고 국민들에게 동성애에 대한 바른 인식을 알려야 할 필요성을 느꼈기 때문이다.

본격적으로 동성애 상담 사역을 시작하면서 제일 먼저 생각한 것은 탈동성애 지향자들을 위한 모임을 개설하는 것이었다. 이미 개설된 크리스천 상담실에 탈동성애 사역에 관한 공지를 올리자 수십여 명의 탈동성애 지향자들이 상담을 해 왔고 상담을 받은 서너 명이 갈보리 채플로 나오기 시작하였다. 그들 중에는 지금도 나의 사역을 돕고 있는 H대 재학 중이던 현수이와 S대 재학 중이던 진우 형제가 함께 하였다. 특별히 진우 형제를 생각하면 의인 한 사람이 하나님 앞에 바로 서기까지 받아야 할 사단의 훼방이 얼마나 심각한가를 짐작할 수 있다.

진우 형제를 처음 만났을 때 그는 정체성 문제로 심신이 지쳐 있었고 그 고통을 누구에게도 말할 수 없는 아픔과 분노로 가득 차 있었다. 또한, 음악적 재능이 출중함에도 무엇을 하고 살아야 할지 막연하여 전전긍긍하고 있었다. 거기에 오랫동안 암 투병을 하시던 아버지께서 소천하여 심리적인 불안과 슬픔으로 가득 차 있었다.

더 안타까웠던 것은 진우 형제에게 아무것도 도와줄 수 없었다는 것이다. 나 역시 자립하지 못하여 전전긍긍하고 있을 때라 돕지도 못하였고 하나님께 기도만 할 뿐이었다. 그런 중에도 진우 형제는 현수 형제와 간간이 시간을 내어 한기총 세미나실에서 열린 동성애특별법 반대를 위한 '바른성문화국민연대' 설립예배에 나아와 눈물을 흘리며 탈동성애 회복자 증언에 앞장서 주었다.

그럼에도 진우 형제는 그 고통의 세월들을 이겨내고 아름다운 믿음의 자매를 만나 결혼을 하였고 부부가 함께 T.C. 처치의 뮤지션으로 헌신하고 있다. 앞으로 진우 형제도 탈동성애운동에 큰 중심이 될 것이다. 그래서 이 부부의 건강하고 아름다운 가정을 위해 기도하고 있다. 또한, 현수 형제는 수년 동안 자기 유혹과 다투며 성경적 상담 자기대면 과정을 모두 이수하고 미국 갈보리 채플 성경대학까지 수료하고 돌아왔다. 지금 열심히 공무원 시험을 준비하고 있지만 나는 장차 이들이 수많은 고통의 아들들을 하나님 앞으로 이끄는 승리의 팜트리(Palm Tree)가 될 것을 믿어 의심치 않는다.

홀리라이프 사역

"이는 이제 교회로 말미암아 하늘에 있는 통치자들과 권세들에게 하나님의 각종 지혜를 알게 하려 하심이니 곧 영원부터 우리 주 그리스도 예수 안에서 예정하신 뜻대로 하신 것이라."(엡 3:10-11)

탈동성애자로서의 나의 아픈 과거가 세상에 공식적으로 알려진 건 수년 전 한 케이블TV 채널 토론프로그램에서다. 개그맨 홍석천 씨와 함께 '맞짱 토론'을 하면서 나도 과거 동성애자였다고 '커밍아웃' 했다. 내가 이처럼 당당하게 과거를 밝힌 것은 동성애가 만연되고 있는 이 시대에 동성애로 고통 받는 사람들과 그 가족들에게 소망을 주기 위함이었다.

나는 처음에 '바른성문화를위한국민연합(바성연)'의 실행위원으로 참석하여 탈동성애 증인으로 활발히 활동하였으나, 바성연과 연합하는 도중에 그들이 추구하는 사역적 방향이 나와 다름을 깨닫고 그곳을 나와서 동성애 치유상담센터 '홀리라이프'(Holy Life)를 개설하였다. 이때 나의 사역적 비전에 공감을 갖고 함께 해준 분이 바로 '탈동성애인권포럼'을 함께 설립한 김규호 목사다. 김규호 목사는 탈북사역의 거목이신 서경석 목사님 밑에서 십여 년간 칼을 갈아 온 기독교 NGO의 재원이기도 하다.

홀리라이프 치유상담 사역을 하는 사이 어느새 내 나이 육십 중반이 되었고, 그동안 상담을 받은 크리스천 동성애자들만도 천이백 명에 이른다. 아직 탈동성애의 많은 열매를 맺지 못하고 세월만 축내고 있지만, 그럼에도 내 마음속에는 이 아이들과 그 어머니들의 소망으로 가득 차 있다. 그들에게는 내가 그들의 고통을 공유하는 것만으로도 소망과 위로가 될 것이다.

나의 이런 소망과는 달리 작년에도 하나님을 믿는 동성애자들이 2명이나 자살하였고, 미수에 그친 철없는 아이들의 소식을 종종 듣고 있다. 이들의 가슴 아픈 소식을 들을 때마다 그들에게 소망의 복음을 전하지 못함이 안타까워진다. 나의 부족함에 애통할 뿐이다.

자살한 청년의 어머니들은 하나같이 크리스천 가정의 독실한 신자들이고, 죽음을 택한 청년들도 모두 교회의 아까운 재원들이었다. 그들이 죽음을 선택하는 데는 나름대로 이유가 있었겠지만, 하나님을 믿는 자로서 죽음을 선택할 수밖에 없었던 동성애자의 삶의 비애와 고통을 이해해야 할 것이다.

아들을 잃은 어머니들은 "아들이 동성애자로라도 살아 있었으면 좋겠다."고 애통하며 자신의 무지로 어려서부터 고통을 받으며 불쌍하게 자란 아들을 동성애자로 정죄하고 책망해서 죽게 했다며 울부짖는다. 7년 전 삼대독자 아들을 잃은, 한 대형교회 장로이신 아버지는 알코올중독자가 되어 폐인이 된 사례도 있다.

그러므로 우리 중 한 사람이라도 잃는 것은 하나님의 뜻이 아님을 인식하여야 한다. 예수님께서도 "이와 같이 이 작은 자 중의 하나라도 잃는 것은 하늘에 계신 너희 아버지의 뜻이 아니니라"(마 18:14)라고 말씀하셨다. 동성애가 죄 됨은 개나 소도 다 알고 믿지 않는 사람들도, 귀신들도 다 안다. 그렇지만 우리는 동성애자들을 정죄하든지, 그들보다 의로운 사람이라는 태도를 가져서는 안 된다. 우리도 모두 하나님 앞에 죄인이기 때문이다.

물론 성경은 동성애를 정죄했으며, 그가 믿는 자라 해도 하나님 나라를 상속받을 수 없다고 기록되어 있다. 그러나 성경이 동성애를 정죄한 것은 죄인 된 그들을 온전히 구원하기 위한 하나님의 계획이지 그들을 저주하고 심판하기 위함이 아니다.

기억해야 할 것은 성경은 하나님 나라에 속할 수 없는 여러 가지 불의한 죄들 가운데 동성애가 속해 있음과 우리 중에 누가 음행을 하든지, 간음하든지, 술 취하고 탐색하는 자라면 우리 역시 동성애자보다 나은 것은 하나도 없다는 사실이다.

그러므로 그리스도의 의를 말하는 우리가 좀 더 복음적 사랑과 지혜를 가지고 동성애 문제에 대응해야 한다. 만약 우리의 과격한 신학적 독선으로 오히려 믿는 아이들이 죽음을 선택했다면 그것은 오히려 우리가 판단 받을 일이다. 죄인 된 우리는 사람을 정죄할 자격이 없다. 정죄는 오직 선하신 하나님만이 하실 수 있다. 우리는 다만 구원의 책임과 사명을 가진 자들이다. 그러니 동성애자들이 더욱 극렬할수록 지혜를 모아야만 한다.

따라서 우리 교회와 성도들은 동성애자들을 어떻게 구원할 것인가에 대하여 하나님의 지혜를 구하여야 한다. 설혹 저들이 뱀의 지혜를 갖고 있다 해도 우리는 창조자의 지혜를 가진 성도들이기 때문이다. 설혹 저들이 무모한 행동을 한다 해도 우리는 '돌아온 탕자'를 기다리는 아비의 심정으로 중보하며 인내하고 기다려 주어야 한다. 경거망동한 저들의 행동에 맞대응하여 하나님의 뜻을 그르치지 말아야 한다. 하나님의 뜻은 모든 사람들이 아들 예수 그리스도의 이름으로 구원을 얻는 것이다.

동성애 사슬

"동성애를 증오하는 이유는 그가 누구이든 그 원인이 무엇이든, 동성애가 벗어야 할 죄의 사슬로써 풀지 않으면 안 될 인생의 저주이기 때문이다."

동성애자로 살아온 내가 동성애를 인생에게 가장 혐오할 죄라고 증거하는 것은 동성애자들을 증오하고 또 나를 낳은 모태를 욕되게 하고 내가 살아온 날들을 저주하기 위한 것이 아니다. 내가 동성애를 증오하는 이유는 그가 누구이든, 그 원인이 무엇이든, 동성애가 벗어야 할 죄의 사슬이며 풀지 않으면 안 될 인생의 저주이기 때문이다.

그러나 누구라도 동성애의 사슬을 벗고자 한다면 예수 그리스도의 대속의 은혜가 그에게 미칠 것이며, 그의 영혼은 평안과 기쁨을 얻고 영원한 생명의 선물을 받게 될 것이다. 동성애는 죄이기 때문에 해결할 수 있는 것이며, 하나님께서 정죄하셨기 때문에 하나님만이 푸실 수 있다. 그러므로 누구든지 예수의 이름을 믿는 자는 구원을 얻는 것이다.

또한, 43년 만에 더러운 동성애로부터 탈출한 나는 한국 교회를 향하여 더 이상 저들에게 정죄의 돌을 던지지 말라고 권고하고 싶다. 우리도 그들과 동일한 죄성을 갖고 태어난 사람들로서 사람을 정죄할 권한이 없다. 비록 동성애자들이 죄인일지라도 그것은 하나님 앞에서의 죄인이기 때문이다. 저들의 죄는 성경의 정죄로도 충분하기 때문이다.

예수께서도 군중 앞에 내동댕이쳐진 창녀를 대하여 "죄 없는 자가 먼저 치라"고 말씀하셨다. 이것이 주께서 내리신 죄와 죄인에 대한 정의이다. 설혹 저들이 아직은 죄의 너울을 쓰고 있다고 할지라도 주께서 원하시면 언젠가 하나님의 뜻 안에서 구속받을 영혼들이다. 그러므로 예수님은 죄인 된 우리를 향하여 "다시는 죄를 짓지 말라" 하시며 "예수께서 또 말씀하여 이르시되 나는 세상의 빛이니 나를 따르는 자는 어둠에 다니지 아니하고 생명의 빛을 얻으리라"(요 8:12)라고 말씀하셨다. 그러므로 이제 교회는 저들을 구원할 복음적 대책을 마련하여야 한다. 이것이 주께서 교회에 주신 사명이요 책무이다.

나는 서른 살에 구원의 복음을 듣고 하나님의 자녀가 되었으나 마흔세 살이 돼서야 동성애자의 옷을 벗을 수 있었다. 하나님의 아들 예수를 믿으면서도 동성애자로 더러운 삶을 살 수밖에 없었던 것은 과연 누구의 책임인가? 그것은 말할 것도 없이 교회의 책임이라고 생각한다.

나는 12년간 구원의 주 예수 그리스도를 사모하며 눈물로 신앙생활을 하였지만, 그 누구도 동성애 문제를 해결하기 위해 관심을 가져준 사역자들이 없었다. 만약에 누구라도 나의 문제를 성경적으로 접근하여 극복할 수 있도록 진리를 가르쳐 주었다면 예수를 믿고도 12

년 동안 동성애자로 살며 방황하며 더 큰 죄를 짓지는 않았을 것이다.

성도는 하나님의 어린 양이다. 양은 스스로 살아갈 자생능력이 없기 때문에 목자가 필요한 것이다. 물론 성경은 하나님 나라를 상속받을 수 없는 죄의 목록 중에 동성애를 명시하였다. 다른 불의한 죄와 함께 동성애는 천국에 들어갈 수 없는 가증한 죄이다. 그러나 성경은 "너희 중에 이와 같은 자들이 있더니 주 예수 그리스도의 이름과 우리 하나님의 성령 안에서 씻음과 거룩함과 의롭다 하심을 받았느니라"(고전 6:11)라고 기록하여 복음 안에서 동성애를 해결할 수 있음을 확증하였다.

그러므로 '네가 예수를 믿었으니 이제 동성애는 너의 책임이다. 네 스스로 해결해야 한다.'고 말한다면 그것은 무책임한 발언이다. 목자는 양에게 좋은 꼴과 맑은 물을 먹이기 위해 성령의 인침으로 세움을 받은 자들이다. 그러므로 믿는 자들이 온전히 변화되지 못한 책임은 교회에 있다. 교회는 구원받은 자들의 영혼을 새 사람으로 거듭나게 해야 할 진리의 복음을 위탁받았기 때문이다.

예수님은 길 잃은 한 마리의 양을 찾아 나서는 목자의 비유를 말씀하실 때 "삼가 이 작은 자 중의 하나도 업신여기지 말라 너희에게 말하노니 그들의 천사들이 하늘에서 하늘에 계신 내 아버지의 얼굴을 항상 뵈옵느니라"(마 18:10)라고 말씀하셨다. 그러므로 이제라도 교회는 동성애자들을 정죄하는 일을 멈추고 예수를 믿으면서도 죄를 지을 수밖에 없는 길 잃은 양들을 찾아 나서야 할 것이다.

    나는 예수를 믿은 후에도 이태원에서 '열애클럽'이라는 트렌스젠더 클럽을 운영하면서도 백여 명을 전도하였고, 그들과 함께 주일마다 교회를 찾았으며, 금요일이면 구역예배를 드렸고, 한 달에 한 번은 오산리 기도원에 올라가 금식을 하며 가슴을 토하며 회개를 하였다. 그럼에도 나는 변화되지 못하였고 여전히 동성애자인 채로 예배를 드리며 애통해 하였다. 그러나 분명한 것은 그 당시에도 나는 하나님의 어린 양이었다. 그러므로 오늘날 비록 팬티 차림으로 퀴어 축제를 즐기는 저들 속에서도 한 마리의 양을 찾아 나선 목자의 마음을 상실치 말아야 할 것이다.

죄로부터 커밍아웃

　스스로 동성애자임을 고백하는 것은 심히 부끄러운 일이었지만, 나는 처음부터 동성애 성향을 교회에 말했다. 그 당시로서는 큰 용기였다. 그러나 감춘다고 감춰지는 것도 아니었기에 오히려 커밍아웃한 것이 변화의 지름길이 되었지 않았나 싶다.

　오늘날 많은 청년들이 상담을 요청하지만 상담만을 위한 일회성 상담은 의미가 없다. 이미 앞에서 말한 것처럼 동성애 문제를 해결하는 것은 방법의 문제가 아니라 의지적 결단과 성경적 생활의 실천에 달려있기 때문이다. 오늘날 교회 안의 큰 문제는 많은 동성애자들이 교회에서 봉사를 하고 있다는 데 있다. 그들은 구변이 좋고 각양각색의 재능이 있어, 교회는 그들에게 찬양리더, 교사 등 여러 가지 교회 직분을 맡긴다.

　그러나 당신의 자녀들의 가정교사가 동성애자나 성중독자인 것을 알면 그에게 자녀의 교육을 맡길 수 있겠는가? 그렇다면 감히 하나님의 거룩한 성도들을 죄인들에게 맡길 수는 없지 않는가? 그러므로 동성애자들은 스스로 맡은 직책을 내려놓고 속히 변화의 길로 가는 것이 동성애를 극복하는 지름길이 될 것이다. 하나님께서는 위선자를 미워하시기 때문이다.

동성애 상담 시스템

"형제들아 사람이 만일 무슨 범죄한 일이 드러나거든 신령한 너희는 온유한 심령으로 그러한 자를 바로잡고 너 자신을 살펴보아 너도 시험을 받을까 두려워하라"(갈 6:1)

그동안 동성애 상담 사역을 하면서 가장 안타까웠던 것은 그때까지 한국교회에 동성애자들을 상담하고 회복시킬 시스템이 전혀 도입되지 않았다는 것이다. 미국의 모든 전도 시스템이 한국에 도입되었음에도 38년의 역사를 갖고 있는 '인터네셔널 엑소도스'와 같은 동성애 치유전문 상담 사역을 하는 곳이 한 곳도 없었다. 그동안 딴청을 부렸던 내가 한심스러웠다.

그래서 내가 제일 먼저 시작한 것이 성경적 상담사 양성을 위한 상담 프로그램 개설과 '성경적상담사협회'(KABC)의 설립이었다. 그때 이 일은 도와주신 분이 당시 동성애 반대운동에 홀로 투쟁하셨던 '한국교회복지선교연합회'의 박영률 목사님이시다. 박 목사님은 나의 소견을 들으신 후 '한국성경적상담협회'와 치유상담센터 '홀리라이프' 설립을 적극 도와 주셨다.

또한, 상담 프로그램에 대하여는 걱정하지 않아도 되었다. 다행히 일본에서 미국 BCF 존 블로거 박사가 개발한 성경적 상담 '자기대면'(Self-Confrontation)과정을 이수한 뒤 미국에서 성경적 상담 사역에 헌신하신 손경환 목사님을 찾아뵙고 성경적 상담에 관한 모든 과정을 전수받을 수 있었다.

그 당시 손 목사님은 십여 년째 깊은 병환으로 누워 계셨지만, 손 목사님께서 이십여 년 동안 연구하시고 제자들을 키우시며 정리해 놓으신 성경적 상담의 전반적인 교육과정을 흔쾌히 물려 주셨다. 그 결과 한국에서 처음으로 성경적 상담사 양성과정 자기대면 과정 교육을 시작하게 되었고 미션월드 출판사를 통해서 〈왜 성경적 상담인가?〉[3]라는 성경적 상담전문 서적을 손경환 목사님과 함께 저술할 수 있었다.

---

2) http://cafe.daum.net/consult 탈반시티 (탈반란 동성애자를 가리키는 이반에 반하는 은어로서 동성애를 탈출한 사람들의 도시라는 뜻이다)
3) http://www.missionworld.co.kr/missionworld/sub_detail.asp?idx=489&g_cate1=A1&g_cate2=A4 미션월드

제12부

동성애 영적 전쟁

용서하지 마소서
퀴어들의 반란
트위터 설전
누가 나의 친구인가?

– 비난과 조롱 속에서의 커밍아웃 –

이요나 목사님의 고백적 에세이 〈리애마마〉의 출판은 동성애 문제로 고민하는 한국 교회를 향한 또 하나의 기적입니다.

이요나 목사님은 동성애치유상담센터 홀리라이프 사역을 통하여 한국교회 최초로 탈동성애 운동을 시작하였고 한국 교회가 동성애에 대한 막연한 적대심과 불안감에 떨고 있을 때 동성애의 치유와 회복에 대한 복음적 희망을 꾸준히 제시하였습니다.

한국 교회의 보수적 시선과 편견, 그리고 동성애자들의 비난과 조롱 속에서 이처럼 당당하게 믿음의 커밍아웃을 하기란 결코 쉬운 일이 아닙니다. 교회를 핍박했던 바울의 과거가 후에 그의 사역과 복음을 더욱 빛나게 했던 것처럼 지금까지 이요나 목사님이 걸어왔던 어두운 과거는 하나님의 섭리 속에서 현 시대를 향한 복음의 빛으로 더욱 밝게 빛나게 되었습니다.

목사님의 간절한 외침을 통하여 한국 교회가 탈동성애자의 아픔을 공감하고 그들의 눈물을 닦아 줄 수 있는 계기가 되기를 바라며 그리스도안에서 모든 것이 치유되고 회복될 수 있다는 위대한 희망의 빛을 보게 되리라 확신합니다.

하다니엘 목사 (사자교회 담임, 건전신앙수호연대 대표)

용서하지 마소서!

"저희 총명이 어두워지고 저희 가운데 있는 무지함과 저희 마음이 굳어짐으로 말미암아 하나님의 생명에서 떠나 있도다"(엡 4:18)

어느 날 나는 인터넷 검색창을 통해 월간조선에 실린 기사 내용을 보다가 피가 거꾸로 솟는 것 같은 고통을 느꼈다. 다름 아닌 성전환수술에 권위자를 자처하는 동아대 의과대학 김석권 교수의 인터뷰 기사였다. 나를 더 괴롭게 한 것은 그가 기독교 신자였다는 것이다. 과연 그가 출석하는 교회는 어떤 교회이며 그 교회 목사는 도대체 무얼 가르치고 있는지 한심스럽다.

월간조선과의 인터뷰에서 김석권 교수는 "우리나라는 남녀 모두 5만 명당 1명꼴로 성전환증환자가 발생하는 것에 비해 일본은 여성의 발생빈도가 남성의 8배"라며 "일본이 우리보다 남성 중심 문화가 강한 것에 비춰 성전환증 발생에 후천적 요인도 큰 영향을 미치는 것 같다."고 말했다. 이어서 "국내에 성전환 수술을 받은 사람은 400여 명으로 추정한다."며 "그중 75%인 300명은 직접 집도했다."고 말했다. 그의 주장에 따르면 후유증으로 재수술한 사람까지 합하면 350여 명이 자신의 손을 거쳤다는 결론이다.[4]

그래도 이 정도는 참을 만하다. 동성애에 대해 알지 못하는 의사가 한 말이니 귀엽게 봐 줄 수 있다. 그러나 김석권 교수는 기독교 신자이기 전에 한 인간으로서 넘지 못할 선을 넘고 말았다.

그는 "기독교 신자로 알고 있는데, 그런 관점에서 성전환은 신(神)의 영역에 도전하는 것 아닌가요?"라는 기자의 질문에 다음과 같이 말했다.

"신이 창조한 걸 손대는 거니까 교리에 어긋나는 건 맞아요. 친구들이 '너 그러다 지옥 간다.'며 농담을 건네면, 저는 '하나님한테 면허받았으니까 괜찮다.'고 대답해요. 저는 신의 실수를 바로잡는 겁니다." [5]

참으로 하나님께서 언제까지 인내하실지 심히 두렵고 떨린다. 차라리 그는 예수를 믿지 말았어야 한다. 차라리 그가 태어나지 않았다면 이와 같은 패역한 죄를 범하지는 않았을 것이다.

선교대국이라 자처하는 이 나라에서 기독교 신자라 말하고 지식인을 자처하는 대학교 교수가 저렇게까지 타락할 수 있는 것인지 헛구역질이 솟구쳐 올라왔다. 내가 사는 나라에서 이런 일이 공공연하게 일어나고 있는 것이 참으로 부끄럽고 슬펐다.

돌이켜 보건대 나 역시 어머니의 넋이 보호하지 않았다면 저들과 같은 마수 손에 남자의 형상이 무자비하게 난도질을 당했을 것이라 생각하니 살이 떨려온다. 어쩌면 트랜스젠더 클럽을 운영하던 자의 이율배반적 분노이지만, 아이러니하게도 들끓는 분노 속에서 시대적인 사명감 같은 의지가 솟아났다. 이제 더 이상 망설일 시간이 없다는 생각이 들었다.

"악을 선하다 하며 선을 악하다 하며 흑암으로 광명을 삼으며 광명으로 흑암을 삼으며 쓴 것으로 단 것을 삼으며 단 것으로 쓴 것을 삼는 그들은 화 있을진저" (사 5:20)

퀴어들의 반란

"주인이 이 옳지 않은 청지기가 일을 지혜 있게 하였으므로 칭찬하였으니 이 세대의 아들들이 자기 시대에 있어서는 빛의 아들들보다 더 지혜로움이니라" (눅 16:8)

매년 6월이면 전 세계에서 동성애자들의 퀴어 축제(Queer Festival)가 펼쳐진다. 1969년 6월 28일 미국 뉴욕에서 일어난 동성애자들의 반란 '스톤월 항쟁'(Stonewall Riots)으로 시작된 퀴어들의 반란은 한국에서도 올해로 16회를 맞이했다. 올해에는 스톤월 항쟁 46주년 기념으로 저들은 한국 교회를 조롱이라도 하듯이 6월 28일 주일에 서울 심장부인 시청광장에서 펼쳤다.

저들의 이번 축제에는 지난 6월 26일 발표된 미국 연방법원의 동성결혼 판결에 힘을 입은 듯이 주한 미국대사가 깜짝 출연하는 여유를 보였고 유엔연합을 비롯하여 미국, 프랑스, 영국 등 17개국 대사관들의 협찬을 받으며 그 위세를 자랑했다.

저들의 광란의 축제를 보며 과거 한때 저들과 함께 부끄러움을 모른 채 이태원 거리를 활보하던 나를 보는 듯하여 가슴이 아파왔다. 이미 성경은 "그와 같이 남자들도 순리대로 여자 쓰기를 버리고 서로 향하여 음욕이 불 일듯 하매 남자가 남자와 더불어 부끄러운 일을 행하여 그들의 그릇됨에 상당한 보응을 그들 자신이 받았느니라"(롬 1:27)라고 기록하였다.

저들은 감히 부부의 침실에서도 입기에 민망한 팬티 차림으로 고막이 터져라, 괴성을 지르며 서울시 심장부 구석구석을 카퍼레이드로 질주했다. 그런데 정작 우리를 놀라게 하는 동성애자들의 광란의 횡포를 보고 있는 국민들의 반응이다. 마치 유명 연예인들의 축제를 보듯이 손뼉을 치며 즐기는 모습들은 이 나라 국민의 도덕적 민도를 보는듯하여 마음이 씁쓸해졌다. 도덕과 윤리를 뽐내던 우리나라가 어쩌다 이 지경까지 와 있는 것인지, 목회자로서 이 시대를 사는 것이 죄인 된 기분이다. 그러나 오늘날 직시해야 할 것은 하나님의 교회를 대적하는 악한 영들의 배후세력들이다.

성경은 이미 "우리의 씨름은 혈과 육을 상대하는 것이 아니요 통치자들과 권세들과 이 어둠의 세상 주관자들과 하늘에 있는 악의 영들을 상대함이라"(엡 6:12)라고 기록하였다.

그 배도의 무리들이 하나님을 대적하여 동성애를 죄가 아닌 인권 문제로 다루며, 퀴어 신학을 만들고 있다. 또한 그들 뒤에는 막강한 정치세력들이 진을 치고 있다. 오늘날 기독교 대국인 미국을 보라. 얼마나 많은 목회자들이 퀴어 신학에 참여하고 있으며, 얼마나 많은 교회들이 동성결혼을 지지하고 있는가? 그들의 뒤에는 오바마 정부가 있고, 애플, 구글과 같은 수많은 재벌들이 그들을 지원하고 있다. 이제 공은 한국 교회로 넘어왔다.

 이제 우리는 의인 열 명을 얻지 못하여 멸망한 소돔을 기억해야 할 것이다. 우리는 더 이상 망설일 틈이 없다. 하루속히 한국 교회는 깊은 잠에서 깨어나야 한다. 주께서 오실 시간이 가까웠기 때문이다. 그러나 나의 걱정은 퀴어들 속에서 통곡하는 나의 아이들이다. 어떻게 해야 저 광란의 육체 속에서 저들을 이끌어낼 수 있을지……. 주여, 부디 나를 도와주소서.

트위터 설전

jungkwon chin @unheim 6월 28일
개독인 여러분, 항문섹스, 그냥 하세요. 그것은 남남, 여여, 남녀 모두 할 수 있는 보편적 섹스랍니다. 그리고 여러분이 몰라서 그럴지, 수많은 신자들이 이미 은밀히 항문섹스를 실천하고 있어요. 결혼 전까지 순결을 지키기 위해서.
663   122

이요나 @CalvaryKorea 2시간
진중권인지 원가하는 교수 나부랭이가 동성애를 알면 얼마나 알고 항문섹스를 알면 얼마나 알기에 지 넘을 창조해서 숨쉬게하고 밥처먹게 하고 부부생활해서 새끼도 낳게 한 하나님을 욕되게 하는건지.. 동양대학교에 저런 작자가 교수질 하니 학교 꼴이 뭐가 될꼬

며칠 전 SNS에서 큰 전쟁이 일어났다. 어떤 청년은 이요나 목사 트위터가 해킹을 당했다고 공지를 올리기까지 했다. 내가 평소와 달리 목사로서는 입에 담기도 민망한 과격한 말을 올려 우파진영에서 운영하는 사이트 '일간베스트'에서까지 논란이 되었기 때문이다.[6]

원래 나는 트위터에 글을 올리는 것은 자제하는 편이다. 100자 이내의 단문 발언이라 진의가 왜곡될 수 있고 또 정치성 발언이 난무하기 때문이다. 그런데 지난 6월 28일 자 동양대학교 진중권 교수의 트위터에 동성애와 관련하여 기독교를 폄하하는 글이 올라왔다. 그는 이미 수일 전부터 동성애와 관련하여 기독교를 폄하하는 발언들을 연일 쏟아내고 있었다.

평소에 진중권 교수의 지나친 블랙개그 수준의 발언들이 식상해서 관심을 갖지 않았지만, 이번에 올라온 글들은 나름대로 사회 지도층이라 불리며 지성인이라는 대학교수의 입에서 나온 말이라고 보기에는 너무나도 천박하고 저급한 발언이라 눈으로 보는 것조차 힘들었다. 더구나 하나님과 예수의 이름을 내뱉으며 성경 구절을 주절이기까지 하는 그의 글들은 도저히 참을 수가 없었다. 또한, 진 교수의 아버지가 목사라고 하는 데서 견딜 수 없는 분노가 치솟았다.

설혹 기독교를 혐오하는 세력들이 인터넷 공간에서 '개독교'라고 기독교 폄하 발언을 할지언정 지성인을 자처하는 진중권 교수가 모든 사람들이 공유하는 트위터 공간에서 '개독교', '개독인'이라는 혐오 발언을 거침없이 쏟아내는 것은 인권을 중요시한다는 진교수의 생활 철학에도 반하는 매우 이중적인 태도이다.

명문대에서 미학을 전공했다는 진중권 교수는 그동안 동성애자들의 인권을 옹호하는 행보를 취해왔다. 평소 나는 진 교수가 동성애자를 두둔한다는 것만으로도 진 교수를 휴머니스트로 치부해 두고 대응을 자제해 왔었다. 그러나 그가 평소에 동성애자들에 대하여 특별한 연민의 정을 느끼고 있었다 치더라도, 설혹 기독교가 동성애자들과 서로 다른 종교적 대의를 갖고 있다 할지라도 기독교인들의 인권도 소중히 여겨야 하는 것이 지식인의 태도이다.

어쩌면 진중권 교수는 동성애 이슈의 시대적 조류를 타고 정치적 목적을 이루려는 의도를 갖고 있는지도 모르겠다. 그러나 이번 일로 진 교수가 회개하지 않는 한 그의 이름은 창조자의 이름을 모독한 실패한 지식인의 표본이 될 것이다.

그러나 진 교수는 그렇다 치고 문제는 내게도 있었다. 진중권 교수의 글을 읽다가 분노에 차올라 마음을 억제하지 못하고 지나친 막말 댓글을 달았기 때문이다. 그로 인하여 진중권 교수와 트위터상에서 치졸한 혈전이 벌어져 오히려 목사의 체면이 곤두박질하는 창피를 당하고 말았다. 그러나 마음이 더욱 아팠던 것은 목사의 체면보다는 아직도 내 속에 그와 같은 더러운 말들이 살아 있었다는 것이다. 물론 비록 불의한 자를 책망하려는 명분을 갖고 있었지만 나 역시 그 나물에 그 밥이 된 것은 지혜롭지 못한 처사였다. 아마 이런 내 모습을 보신 주께서도 좀팽이 같은 놈이라고 크게 실망하셨을 것이다. 주님 용서하소서. 숯불로 나를 정결케 하소서.

누가 나의 친구인가?

"인자는 와서 먹고 마시매 말하기를 보라 먹기를 탐하고 포도주를 즐기는 사람이요 세리와 죄인의 친구로다 하니 지혜는 그 행한 일로 인하여 옳다 함을 얻느니라"(마 11:19)

이것은 정말 쓰고 싶지 않은 이야기 중의 하나이다. 그러나 더 이상 이런 일들이 우리 가운데 이어지지 말아야 하기에 아쉬움을 남긴다.

비록 구차하고 눈물겨운 과거였지만 내 인생에 대하여 잠시 피력할까 한다. 지나온 발자취를 보건대 동성애자로서의 43년, 그리고 탈동성애자로서 25년, 그 속에서 목사로서 헌신한 지 21년이 흘렀다. 나름대로 화려한 인생을 뒤집고 눈물의 떡을 먹으며 하나님 보시기 한 점 부끄러움 없기를 소원했다. 그러나 하나님 앞에서의 지난 21년의 세월을 돌이켜 보니 더 큰 죄인이 된 것 같다.

바울 사도가 말년에 '나는 괴인 중에 괴수'라고 한 말이 바로 나를 가리킨 말인 것 같다. 쪼들린 생활 속에서도 부끄럼 없이 살고자 하여 세상을 탓하지 않았고 오늘에 있는 양식에 만족하며 살아 있는 호흡을 감사하며 살아왔다. 함께 밥이라도 먹어 줄 친구가 있으면 그것이 즐거웠고 외로운 잠자리를 TV와 함께 하며 세상 이야기 속에서 어머니의 눈물을 되새겼다.

아직도 옥탑방 신세이지만 때로는 지하실 단칸방에서, 때로는 교회 창고 방에서, 한때는 청년의 문간방에 걸쳐 살았을 때도 그 곳이 어디든 그래도 머리 둘 곳이 없었던 예수님보다는 낫다는 생각에 내게 베푸신 잠자리에 감사했고, 김치 한쪽을 얹은 밥 한 공기에 만족했고……, 나를 필요로 하는 한 사람의 영혼이 있으면 그것으로 위로가 되었다. 내가 이처럼 유유자적하며 살 수 있었던 것은 내가 주 앞에 선 그 날부터 지금까지 주님은 한 번도 나의 작은 기도들을 거절하신 일이 없었기 때문이다. 오늘 만 원이 필요하면 만 원을 주셨고 내 영혼을 만족케 하실 때에 나의 육신이 있음도 알고 계셨다.

더욱 감사한 것은 나이 육십오 세가 넘으니 나라를 위해서 한 일은 하나도 없는데 꼬박꼬박 기초생활기금을 보내준다. 김장철이면 김치를 보내오고 쓰레기봉투도 나온다. 두 달에 한 번 쌀도 반값에 살 수 있다. 그러니 내가 한 세상 살아가는 데 필요한 것은 모두 해결되고 있다. 와중에도 다달이 잊지 않고 보내온 은혜의 손들이 있어 내 손이 챙겨야 할 이웃들을 돌아볼 수 있어서 감사했고, 간간히 초청집회 강사료가 나오면 마음이 허한 제자들과 함께 돼지갈비 파티도 할 수 있어 행복하다. 그것이면 나는 족하다.

바람이 불면 부는 대로, 눈이 오면 오는 대로, 비가 오면 비가 와서 좋은 인생이었다. 나의 목회 인생은 조금도 불평이 없다. 그런데 내게 아주 거북한 일들이 있다. 나를 뜨거운 감자로 여기는 사람들이 있기 때문이다. 그들이 나를 꺼려하는 이유를 알 수 없지만, 어쩌면 서로 살아온 사이클이 맞지 않아서일지도 모른다. 삶의 습관들이 맞지 않을 수도 있겠다. 워낙 더러운 인생을 살아 온 터라 그들에게는 구역질 나고 비위가 뒤틀릴지도 모른다. 서로의 말하는 본새도 맞지 않을 것이다. 그런데 흥미로운 것은 그들도 나와 함께 동성애 문제를 다루고 있다는 데 있다. 그래서 더욱 마음이 짠하다.

어쩌면 헤게모니 싸움일지도 모른다. 서로가 예수의 배를 타고 복음의 길을 가고 있으면서도 저들과 나의 주장은 첨예하게 다르다. 어쩌다 동성애 반대 집회라도 나가보면 그들의 입에서는 듣기조차 민망한 독설들이 난무한다. 나의 눈에는 철없는 자식 같아 측은하기만 한데 저들 눈에는 마치 원수처럼 보이는가 보다. 그러면서도 '우리는 동성애자인 당신들을 사랑합니다.' 하고 외치는 소리를 듣고 있자면 머리에서 쥐가 난다.

그렇다고 내가 동성애를 찬성하는 것은 결코 아니다. 어미의 목숨을 담보로 하고 구원을 얻은 내가 어떻게 동성애를 좋다고 말하겠는가? 동성애는 악이요, 저주받아 마땅한 악한 영들의 역사이며 하나님께서 혐오하신 더러운 죄이다. 그 더러움 속에서 사십삼 년의 굴욕의 인생을 살아온 내가 어떻게 동성애자를 두둔하겠는가? 그러나 나는 저들을 향해 울고 계신 주님의 눈물을 보고 있다. 저들 속에도 창세전에 부르신 그리스도의 사람들이 있기 때문이다.

어떤 사람은 '과연 이요나 목사는 변화된 사람일까?'라는 루머를 퍼뜨리고 있다. 이건 견딜 수 없는 인격 모독이다. 저승에 계신 어머니께서 눈물 흘리실 것이다. 또 어떤 사람은 '이요나 목사는 친동성애자들의 첩자'라고 말한다. 정말 하나님께서 진노하실 말이다. 어떤 이들은 내가 동성애 반대운동 단체들을 디스(dis) 한다고 말한다. 동성애 반대운동에 앞서 동성애자들을 긍휼히 여기고 복음을 전하여야 한다는 나의 주장이 저들에게는 디스(dis)처럼 들리는가 보다.

저들은 전국 교회를 돌며 동성애의 더러움을 알리고 동성애로 인해 에이즈 감염자가 많아 해마다 정부 돈이 너무 많이 들어가니 동성애를 저지해야 한다는 강의를 하는 것보다는 동성애자들을 만날 기회를 찾아 복음을 전하고 에이즈 감염자들을 돌아보고 그들의 영혼을 보살피는 일이 교회가 할 일이라고 말하는 나를 오히려 이상한 사람으로 치부한다.

그래도 내가 저들과 함께할 수밖에 없는 것은 저들도 나와 같이 그리스도 안에 있기 때문이다. 저들은 자신들이 하는 일들이 하나님의 뜻이라고 생각하고 나 또한 나의 길이 하나님의 뜻이라고 생각한다.

유일하신 하나님, 오직 예수 그리스도, 한 성령 안에 있으면서도 이렇게 하나가 되지 못하는 것은 무엇일까? 물론 넉넉하지 못한 나의 부덕의 소치일 것이다. 그러나 예수님은 우리에게 "이와 같이 이 소자 중에 하나라도 잃어지는 것은 하늘에 계신 너희 아버지의 뜻이 아니니라"(마 18:14)라고 말씀하셨다. 그러므로 어찌 되었던지 나는 그들도 기다려야 하고 저들도 기다려야 한다. 바울이 말한 것처럼 때로는 우리가 유대인처럼 되고, 때로는 우리가 죄인처럼 되고, 때로는 우리가 이방인처럼 되어서라도 한 사람의 영혼을 구원할 수 있다면 나는 거리에 돌 맞은 망부석이 되어도 좋다. 그것이 하나님의 뜻이라면······.

---

4) http://news.chosun.com/site/data/html_dir/2012/04/22/2012042200202.html 조선닷컴
5) http://news.chosun.com/site/data/html_dir/2012/04/22/2012042200202.html
6) http://www.ilbe.com/6118489513 일간베스트

제13부

회복자 증언

천상의 마력
무익한 육체의 훈련
허접한 쓰레기들
내적 치유의 모순
오직 한 길
성경적 경건 훈련
하나님의 자원
의인의 생활
새사람의 길

― 탈동성애의 좌표 ―

오늘날 기독국가인 미국을 비롯한 서방국가들이 앞을 다투어 동성결혼 합법화를 주도하고 있다. 이것은 거짓의 아비 사단의 책략으로 하나님께서 설정하신 창조적 사랑의 틀을 깨트리고 악하고 더러운 세상을 만들고자 하는 것이다.

이러한 때에 과거 동성애의 죄악과 고통을 몸소 통렬히 겪은 이요나 목사님은 부끄러운 과거를 모두 풀어 놓고 오직 하나님의 은혜에 복음에 빚진 자로서 한 사람의 동성애자라도 더 구원하기 위하여 아무도 돌아보지 않는 외길을 묵묵히 걸어가고 있다.

또한 칠십을 바라보는 나이에도 오직 동성애자들을 구원코자하는 열정으로 동성애 치유상담센터 홀리라이프를 세우고, 탈동성애인권기독협회를 개설하여 친동성애자들과 맞서 탈동성애운동을 주도하는 것을 볼 때 이제라도 우리 한국교회가 함께 힘을 합해야 할 때라는 생각이 든다.

물론 많은 기독단체들이 동성애 반대운동을 하고 있지만, 하나님의 경륜 가운데 동성애 탈출을 체험한 이요나 목사님이야말로 동성애자들의 고통을 이해하고 그들을 그리스도의 사랑으로 품을 수 있는 적임자라고 생각한다.

이요나 목사님의 자전적 간증수기인 "리애마마"는 동성애 문제로 고통 받는 많은 영혼들을 탈동성애의 길로 이끌어 낼 좌표가 될 것을 확신하며, 거대한 동성애 전쟁에서 한국교회와 성도들을 지켜낼 비밀병기가 될 것을 소망한다.

한성규 장로 (대전중앙성결교회,
베데스다한의원 원장, 홀리라이프 후원회장)

천상의 마력(魔力)

"우리의 씨름은 혈과 육을 상대하는 것이 아니요 통치자들과 권세들과 이 어둠의 세상 주관자들과 하늘에 있는 악의 영들을 상대함이라"(엡 6:12)

동성애자들은 천상의 사자들도 유혹할 만한 담대함과 강력한 유혹의 무기를 갖고 있음은 이미 창세기 19장에서 증거하고 있다. 이들은 광적으로 대범하여 수치를 모르며 이기적이고 집단적이며 이들에게 윤리 같은 것은 아예 존재하지 않는다.

어떤 동성애자들은 동성애의 사슬에서 벗어나기를 간절히 소망하면서도 자신에게 동성애 감정이 사라지면 마치 거세된 남자처럼 무성애자가 되는 것이 아닌가 하는 공포감을 갖기도 한다. 그러나 그런 일은 절대로 일어나지 않는다. 동성애로부터 탈출한다는 것은 그의 영혼이 하나님 앞에 바로 서게 되어 남자와 여자로서의 창조적 본성이 살아나는 새 생명을 얻는 것이기 때문이다.

그러므로 동성애자들은 자신들의 영혼을 매혹시킬 만한 영혼의 주권자를 만나야만 한다. 그분만이 그들 안의 내적인 공허와 그들을 사로잡고 있는 더러운 욕정으로부터 이끌어낼 수 있기 때문이다. 예수께서도 "사람이 먼저 강한 자를 결박하지 않고는 그 강한 자의 집에 들어가 세간을 강탈하지 못하리니 결박한 후에야 그 집을 강탈하리라"(막 3:27)라고 말씀하셨다.

우리가 알아야 할 것은 예수 그리스도 외에 사람의 영혼을 사로잡고 있는 더러운 영들을 결박할 수 있는 권세가 존재하지 않는다는 사실이다. 설혹 어떤 자들이 영들을 볼 수 있고 영들을 쫓아낼 수 있는 능력을 받았다 하더라도 하나님으로부터 오지 않은 것이면 사단의 역사이다.

예수님은 이미 저희에게 "사단이 어찌 사단을 쫓아낼 수 있느냐"(막 3:23)라고 말씀하셨다. 그러므로 온전한 회복을 소망하는 자들은 능하신 전능자 하나님의 아들 예수 그리스도의 이름을 믿어 성령의 씻음으로 변화되어 참 성도의 자유를 얻어야 한다.

"언제든지 주께로 돌아가면 그 수건이 벗겨지리라 주는 영이시니 주의 영이 계신 곳에는 자유가 있느니라"(고후 3:16-17)

무익한 육체의 훈련

"살리는 것은 영이니 육은 무익하니라 내가 너희에게 이른 말은 영이요 생명이라"(요 6:63)

나는 과거 진리의 인도함을 받지 못했던 시절, 동성애와 성 중독자들을 위한 12단계 회복훈련, 내적 치유, 그리고 각종 성령집회에 참여하며 눈물로 기도하며 금식기도로 성적 절제를 지키려 노력하였었다. 어쩌면 이러한 종교적 행위들은 믿는 동성애자나 성중독자들은 한 번씩은 해 본 종교적 활동일 것이다.

그때 나는 "나는 한 달 동안 동성애 포르노를 보지 않았다!", "내가 한 달 동안이나 자위를 하지 않았다."라고 눈물을 흘리며 감격했었다. 이것이 동성애를 극복하려는 사람들이 말하는 보편적인 승리이다.

그러나 비록 그 기간에 동성애적 행위는 하지 않았지만, 그 과정 속에서 내 마음은 온통 동성애와 전쟁을 하느라 정신적으로든 육체적으로든 만신창이가 되어 있었고, 겨우 얻어낸 승리의 기쁨이란 것은 겨우 '내가 며칠 동안 금식을 하였다, 내가 어느 집회에 참가했고, 어느 목사에게 안수를 받았다'는 자기 위로뿐이다.

그러나 그러한 종교적 선언은 며칠도 되지 않아 물거품처럼 사라지고, 막을 내린 무대의 허탈함이 몰려들어 살아 있음을 인식하려는 육체의 소욕에 이끌려 점점 더 깊은 곳으로 내려간다.

성경은 이미;

"참된 속담에 이르기를 개가 그 토하였던 것에 돌아가고 돼지가 씻었다가 더러운 구덩이에 도로 누웠다 하는 말이 그들에게 응하였도다"(벧후 2:22)라고 기록하였으며,

주께서 다시;

"더러운 귀신이 사람에게서 나갔을 때에 물 없는 곳으로 다니며 쉬기를 구하되 얻지 못하고 이에 이르되 내가 나온 내 집으로 돌아가리라 하고 가서 보니 그 집이 청소되고 수리되었거늘 이에 가서 저보다 더 악한 귀신 일곱을 데리고 들어가서 거하니 그 사람의 나중 형편이 전보다 더 심하게 되느니라"(눅 11:24-26)라고 말씀하셨다.

이처럼 육체는 그의 혼이 세상을 인식하던 날로부터 진리의 말씀을 듣는 날에 이르기까지 갈급함에 이끌려 무엇을 찾기에 분주하다. 그것은 비단 육체의 갈급함만이 아니다. 채우고 채워도 채울 수 없는 허탈한 영적 욕구이기도 하다. 하늘에서 내려온 천사를 발견한 소돔 성 남자들의 성적 욕구와 분노를 상상해 보라. 그 무엇으로 그들의 영혼을 채울 수 있을 것인가? 그것을 채우실 수 있는 분은 오직 예수 그리스도이다. 은혜와 진리가 그에게 충만하시기 때문이다.

허접한 쓰레기들

"그것들은 헛된 것이요 조롱거리이니 징벌하시는 때에 멸망할 것이나"
(렘 10:15)

성적 중독이나 동성애로부터 탈출은 어떤 교육 프로그램이나 심리학적 방법 또는 전문가의 실천요강 등의 실행으로 불가능하다. 또한, 정신의학이나 일반적인 심리상담, 기독교상담, 그리고 성경의 지식만으로 극복할 수 있는 것이 아니다.

물론 이런 훈련 과정들은 인생의 문제에 대한 정신적, 심리적 위로는 될 것이다. 그러나 우리는 극복의 단계만을 말해서는 안 된다. 근본적인 변화를 말할 수 있어야 한다.

그럼에도 많은 사람들이 심리학이나 정신의학 프로그램들이 동성애자나 가족들에게 커다란 소망인 것처럼 생각하고 있지만 정작 이러한 방법들이 아무런 도움이 되지 못하고 유아기 자녀 교육을 위한 초등학문에 지나지 못함을 기억해야 할 것이다.

그 이유는 음행, 간음과 같은 성적 유혹이나 동성애의 매력이 오랫동안 그 사람의 영혼의 중심부 곧 마음을 사로잡고 있어서, 사람들이 만들어낸 12단계 회복 프로그램이나 내적 치유 또는 심리상담, 예배 강요, 귀신 축사와 같은 세속적이고 종교적인 방법으로는 해결할 수 없다.

동성연애의 마력은 동성애 속성을 가진 사람의 영과 마음과 그들의 혈관과 오장육부에 미치는 모든 감각까지를 총괄하고 있다. 또한 그들과의 관계 속에서 나타나는 쾌락의 용트림은 악한 영들을 굴복시킬 전능자의 구속이 있기까지는 결코 빠져나오지 못한다.

"이제는 너희가 하나님을 알뿐더러 하나님의 아신 바 되었거늘 어찌하여 다시 약하고 천한 초등 학문으로 돌아가서 다시 저희에게 종노릇 하려 하느냐"(갈 4:9)

내적 치유의 모순

"누가 철학과 헛된 속임수로 너희를 사로잡을까 주의하라 이것은 사람의 전통과 세상의 초등학문을 따름이요 그리스도를 따름이 아니니라"(골 2:8)

내가 진리의 말씀을 터득하던 날에 발견한 것은 그동안 열심히 답습했던 '내적 치유', '12단계 회복프로그램' 같은 절제방법들은 기본적 정의가 틀렸다는 것이다. 그것들은 성경의 원리를 따른 것이 아니라 문제를 가진 사람들의 인생의 통계나 세상의 철학과 학문과 사상을 토대로 지어낸 것이기 때문에 영이신 하나님의 형상과 모양대로 지음을 받는 사람의 문제는 접근할 수 없다.

어쩌면 '내적 치유'나 '12단계 회복 프로그램'은 각자 갖고 있는 자신의 고통과 약점들을 사람들과 함께 나누며, 그것에 대해 더 이상 혼자만 고민하지 않아도 되는 소통의 시스템을 제공하여 그들과의 교제 속에서 정욕과의 싸움에 있어 일시적인 효과를 나타낼 수 있을지도 모른다. 갈급한 사람들에게는 그것이 더러운 물일지라도 마실 수밖에 없기 때문이다.

그러나 영혼의 갈급함을 채울 수 있는 것은 오직 예수 그리스도에게서 오는 생수뿐이다. 굶주려 배고픈 사람에게는 필요한 것은 상아래 개들이 만족할 빵부스러기가 아니라 사랑과 정성으로 지은 맛있는 밥 한 그릇이다.

이와 같이 갈급한 마음과 생명을 채울 수 있는 것은 생수이며 생명의 양식이다. 인간이 만든 그 어떤 프로그램은 인간의 영혼의 공허와 허탈을 채우는 데 급급한 허접한 쓰레기일 뿐이다.

어쩌면 당신은 "이요나 목사 참으로 무례하군! 유명한 신학교도 나오지 못한 주제에 위대한 박사들이 연구하여 갈고 닦은 내적 치유와 같은 프로그램을 헛것으로 알다니, 내가 매년 이런 프로그램을 통해서 얼마나 많은 절제를 할 수 있었는지 알고 있다면 이런 말은 함부로 하지 못할 거야!"라고 말할지도 모른다.

그러나 당신의 인생의 종말이 다가오는 날 당신은 당신이 선택한 그 방법들이 당신을 온전케 하지 못하였음을 깨닫고 어둠 속에서 이를 갈며 지나간 날의 어리석음에 대하여 절규하게 될 것이다. 그리고 당신이 존경하고 따르던 유명한 사람들의 무지함에 가슴을 치며 애통하게 될 것이다.

단언하건대 인간의 죄의 문제는 오직 하나님만이 해결하실 수 있다. 만약 인간이 그것을 할 수 있었다면 결코 그 아들 예수 그리스도를 보내시지도, 또 십자가에 내어주시지도 않았을 것이며, 거룩한 성령을 우리에게 선물로 주시지도 않았을 것이다. 그러므로 당신이 아는 인본적인 지식과 철학과 사상들은 모두 허접한 쓰레기이다. 그럼에도 한국 기독교계 안에서 그런 일들을 하는 학자나 목사들이 그들의 길을 답습하는 것을 보면 참으로 안타깝다. 그러나 중요한 것은 심리학은 과학이 아니라 사람의 마음을 엿보고 훔치는 악한 영들의 역사이다. 사람이 만든 심리분석으로 하나님의 형상과 모양대로 지은 사람의 마음을 어떻게 살필 수 있단 말인가? 인간의 영혼은 아무도 살필 수 없는 비물질 기관이다. 오직 창조자 하나님만이 감찰하실 수 있는 영역이다.

"만물보다 거짓되고 심히 부패한 것은 마음이라 누가 능히 이를 알리요마는 나 여호와는 심장을 살피며 폐부를 시험하고 각각 그 행위와 그 행실대로 보응하나니"(렘 17:9- 10)

오직 한 길

"예수께서 이르시되 내가 곧 길이요 진리요 생명이니 나로 말미암지 않고는 아버지께로 올 자가 없느니라"(요 14:6)

예수께서는 "음욕을 품고 여자를 보는 자마다 마음에 이미 간음하였느니라"(마 5:28)라고 말씀하시며 음행과 간음과 살인과 도둑질과 훼방과 같은 모든 죄악들이 사람의 마음속에서 나온다고 말씀하셨다. 따라서 우리는 정욕으로부터의 해방을 위한 변화의 기초는 외적인 행동뿐 아니라 그 마음에 두어야 한다. 그런데 심리학자들은 마음을 다룰 생각을 하지 않고 행동의 전환과 절제에 매달리고 있다.

다시 말하여 모든 "중독"(옛 사람의 습관)의 원인은 수용과 배려의 애정결핍 과정 속에서 채워지지 않은 마음의 공허를 채우려는 내적 욕구에서 비롯될 수 있다. 그러나 문제는 사람의 마음은 완전한 비물질(非物質) 기관으로 사람으로는 볼 수도 없고 알 수도 없어 분석할 수도 없고 스스로 다스릴 수 없다.

그러므로 성경은;

"만물보다 거짓되고 심히 부패한 것은 마음이라 누가 능히 이를 알리요마는 나 여호와는 심장을 살피며 폐부를 시험하고 각각 그의 행위와 그의 행실대로 보응하나니"(렘 17:9-10)라고 기록하였으며,

예수님께서도;

"마음에서 나오는 것은 악한 생각과 살인과 간음과 음란과 도둑질과 거짓 증언과 비방이니 이런 것들이 사람을 더럽게 하는 것이요 씻지 않은 손으로 먹는 것은 사람을 더럽게 하지 못하느니라"(마 15:19-20)라고 말씀하셨다.

그러면 무엇으로 사람의 마음을 다스릴 수 있는가? 무엇으로 우리 인생의 모든 필요를 충족시킬 수 있는가? 그것은 오직 사람을 창조하신 하나님만이 하실 수 있으며 이를 위해서 그 아들 예수 그리스도를 죄의 구속자로 보내신 것이다.

성경은 예수 그리스도를 가리켜;

"말씀이 육신이 되어 우리 가운데 거하시매 우리가 그의 영광을 보니 아버지의 독생자의 영광이요 은혜와 진리가 충만하더라 우리가 다 그의 충만한 데서 받으니 은혜 위에 은혜러라"(요 1:14,16)라고 증거하였다.

또한, 바울은 교회를 말하여;

"교회는 그의 몸이니 만물 안에서 만물을 충만케 하시는 자의 충만이니라"(엡 1:23)라고 기록하였으며,

또 우리를 위해서는;

"우리가 다 하나님의 아들을 믿는 것과 아는 일에 하나가 되어 온전한 사람을 이루어 그리스도의 장성한 분량이 충만한 데까지 이르리니; 그 너비와 길이와 높이와 깊이가 어떠함을 깨달아 하나님의 모든 충만하신 것으로 너희에게 충만하게 하시기를 구하노라"(엡 4:13, 3:19)라고 권고하였다.

그러므로 동성애를 비롯한 모든 죄의 악습관으로부터 자유함을 얻기 위해서는 새 사람의 마음을 충만케 할 전능자의 진리의 말씀이 필요하다. 외적인 방법만을 집중하는 것은 마치 잡초의 머리만 자르는 것과 같다. 뿌리를 뽑아내지 않는 한 그것은 그대로 살아 있기 때문이다.

성경적 경건 훈련

"망령되고 허탄한 신화를 버리고 경건에 이르도록 네 자신을 연단하라 육체의 연단은 약간의 유익이 있으나 경건은 범사에 유익하니 금생과 내생에 약속이 있느니라"(딤전 4:7-8)

동성애 극복은 오직 성경의 말씀만이 유일한 소망이라고 확신하고 있다. 어떤 상황이든 어떤 이유이든 성경을 떠난 것은 허접한 쓰레기들이기 때문이다. 그러므로 그가 소중히 여기는 그 어떤 훈련 방법이라도, 설혹 유명한 어느 목사의 위력을 가진 가르침이라도 성경의 진리를 벗어난 것은 과감하게 모두 버려야 한다. 당신에게 필요한 것은 오직 성경적 대면과 경건훈련뿐이기 때문이다.

그러므로 바울은 우리를 향하여;

"망령되고 허탄한 신화를 버리고 경건에 이르도록 네 자신을 연단하라 육체의 연단은 약간의 유익이 있으나 경건은 범사에 유익하니 금생과 내생에 약속이 있느니라"(딤전 4;7)라고 기록하였다.

그러면 이제 우리가 무엇을 어떻게 하여야 할 것인가? 이 허물을 벗기 위하여 새벽기도와 기도원을 전전하면 될 것인가? 아니다. 그것은 절제를 위한 육체의 훈련에 그칠 것이기 때문이다. 그런 것들은 온전한 구원을 이루지 못하는 율법적 훈련이며 종교 행위일 뿐이다.

이에 성경은 하나님을 믿는 당신을 향하여;

"그러므로 우리는 두려워할지니 그의 안식에 들어갈 약속이 남아 있을지라도 너희 중에는 혹 이르지 못할 자가 있을까 함이라 그들과 같이 우리도 복음 전함을 받은 자이나 들은 바 그 말씀이 그들에게 유익하지 못한 것은 듣는 자가 믿음과 결부시키지 아니함이라"(히 4:1-2)라고 기록하였으며,

다시 다윗의 입을 통하여;

"오랜 후에 다윗의 글에 다시 어느 날을 정하여 오늘날이라고 미리 이같이 일렀으되 오늘날 너희가 그의 음성을 듣거든 너희 마음을 강퍅케 말라 하였나니"(히 4:7)라고 하였으며,

또한, 하나님의 안식을 소망하는 자들을 위해서는;

"그런즉 안식할 때가 하나님의 백성에게 남아 있도다 이미 그의 안식에 들어간 자는 하나님이 자기의 일을 쉬심과 같이 그도 자기의 일을 쉬느니라"(히 4:9-10)라고 선언하셨다.

    그러므로 하나님의 진리를 향한 당신의 의지를 종교 활동이나 사람의 철학이나 세상 학문으로 제한하지 말라. 하나님은 당신을 사랑하고 당신의 온전한 변화를 위해 역사하시지만, 하나님의 뜻을 따르지 않는 당신을 강제적으로 꺾지는 않는다. 하나님은 당신이 진리를 깨달을 때까지 기다리신다. 그러나 그때까지의 당신의 영혼은 잘못된 믿음에 이용당하고 많은 것을 빼앗기며 고통을 당하게 될 것이다.

하나님의 자원

"그러므로 우리는 긍휼하심을 받고 때를 따라 돕는 은혜를 얻기 위하여 은혜의 보좌 앞에 담대히 나아갈 것이니라"(히 4:16)

　동성애와 같은 성적 욕구로 인한 강박감과 정욕으로부터의 해방을 얻으려면 우리의 영과 혼과 육체 모두를 변화시킬 권능자의 문, 하나님의 은혜 속으로 들어가야만 한다. 죄인을 구원하시는 하나님의 능력이 그의 은혜 속에 있기 때문이다. 이 은혜로 믿음과 소망과 사랑이 우리 인생에 펼쳐지며 평안과 기쁨이 보장된다.

　그러므로 음행과 간음과 동성애로 고통 받는 자들의 목표는 오직 하나님의 은혜에 들어가기를 힘써야 할 것이다. 성경은 이미 "여호와의 은혜의 해와 우리 하나님의 보복의 날을 선포하여 모든 슬픈 자를 위로하되"(사 61:2)라고 기록하였다.

　따라서 그 은혜를 얻기 위해서 먼저 당신이 해야 할 것은 예수 그리스도의 이름으로 죄에서 벗어나, 하나님의 자녀가 되는 의인의 자격을 얻는 것이다. 이로써 당신은 은혜에 참여하게 되어 그 보증으로 성령을 선물로 받게 된다.

　또한, 성경은 예수 그리스도의 구원의 은혜 가운데로 들어온 당신을 위해서 많은 삶의 지침들을 기록하였다. 그뿐 아니라 당신을 온전케 할 가장 큰 자원들 곧 하나님의 거룩한 말씀과 성령을 선물로 주셨으며 또한 당신을 온전한 믿음 가운데로 인도할 사역자를 세우셨다.

"모든 성경은 하나님의 감동으로 된 것으로 교훈과 책망과 바르게 함과 의로 교육하기에 유익하니 이는 성도를 온전케 하며 봉사의 일을 하게 하며 그리스도의 몸을 세우려 하심이라" (엡 4:11,12)

"그가 어떤 사람은 사도로, 어떤 사람은 선지자로, 어떤 사람은 복음 전하는 자로, 어떤 사람은 목사와 교사로 삼으셨으니"(엡 4:11)

그러므로 성경적 변화의 능력은 오직 성경의 올바른 성경적 교리의 터득과 책망과 바르게 함과 의의 훈련을 통하여 나타나는 성령의 능력으로 가능하다. 이를 위해서 성경을 주셨고 또 복음 사역자를 세우신 것이다. 이제 당신의 차례이다. 변화를 위한 은혜에 동참하려는 당신의 굳은 의지와 실천적 믿음 생활이 필요하다.

의인의 생활

"하나님의 말씀과 기도로 거룩하여짐이라"(딤전 4:5)

이제 당신이 해야 할 것은 무엇인가? 그것은 오직 당신의 성경적 믿음생활이다. 성경은 이미 "진리를 알지니 진리가 너희를 자유롭게 하리라"(요 8:32)라고 기록하였고, "오직 의인은 믿음으로 말미암아 살리라"(롬 1:17)라고 말씀하셨다.

오랫동안 정욕에 사로잡혀 있는 당신은 모든 죄 된 길에서 당신을 성별해야 한다. 그것은 먼저 옛 생활로부터 분리되어야 하며, 그 첫 번째는 사람과의 관계이며 그다음은 일상생활의 관리이다.

이를 말하여 시편기자는;

"복 있는 사람은 악인들의 꾀를 따르지 아니하며 죄인들의 길에 서지 아니하며 오만한 자들의 자리에 앉지 아니하고 오직 여호와의 율법을 즐거워하여 그의 율법을 주야로 묵상하는도다"(시 1:1-2)라고 기록하였다.

또 바울도 은혜를 입은 당신에게 말하여;

"또한 너는 청년의 정욕을 피하고 주를 깨끗한 마음으로 부르는 자들과 함께 의와 믿음과 사랑과 화평을 따르라"(딤후 2:22)라고 명하였고 다시,

"새 사람을 입었으니 이는 자기를 창조하신 자의 형상을 좇아 지식에까지 새롭게 하심을 받는 자니라"(골 3:10)라고 권고하였다.

그러므로 이제 당신에게 필요한 것은 옛 생활 곧 옛사람을 벗고 새사람 곧 새 생활을 입는 것이다. 이것은 누가 해줄 수 없다. 아름다운 날을 향한 소망을 갖고 당신의 믿음의 의지로 스스로 해야만 한다.

바울 사도는 우리에게;

"너희는 유혹의 욕심을 따라 썩어져 가는 구습을 좇는 옛 사람을 벗어 버리고 오직 심령으로 새롭게 되어 하나님을 따라 의와 진리의 거룩함으로 지으심을 받은 새 사람을 입으라"(엡 4:22-24)라고 권면하였다.

담배를 주머니에 넣고서는 담배를 끊지 못할 것이다. 스마트폰에 집착하여 포르노를 보고 있으면서 당신의 음행이 멈추기를 바라는 것은 위선이다. 그러므로 담배를 피우는 사람은 담배 자판기 옆에도 가지 말아야 하며 술을 즐기던 사람은 클럽 문 앞을 지나지도 말아야 할 것이다. 그러니 동성애에 빠진 당신은 그동안 동성애와 관련된 모든 사람들과 인연을 끊고 그와 관련된 모든 매개체를 스스로 버려야 할 것이다. 이것이 새롭게 되는 첫걸음이다.

새 사람의 길

"술 취하지 말라 이는 방탕한 것이니 오직 성령의 충만을 받으라"(엡 5:18)

이제 은혜 가운데 믿음으로 선 당신이 삶 속에서 해야 할 일은 당신에게 있는 모든 자원들을 관리하는 일이다. 이미 예수께서 당신의 삶의 지침을 기록하여, 당신의 생각과 당신의 몸을 어떻게 관리하며, 당신의 눈이 무엇을 보지 말아야 할 것이며, 무엇을 보아야 하며, 당신의 재물들은 어떻게 관리하여야 하며, 이웃을 어떻게 사랑하며, 아내를 어떻게 사랑하며, 자녀를 어떻게 양육하며, 국가와의 관계, 직장 상사와의 관계는 어떻게 하는지, 이 모든 삶의 관리가 영적관리에 속한 것임을 확증하셨다.

주께서 우리에게 이와 같은 큰 은혜를 베푼 것은 우리로 하여 그의 기업이 되어 그리스도와 함께 영광을 얻게 하기 위함이다.

성경은 이미 우리에게;

"그 안에서 너희도 진리의 말씀 곧 너희의 구원의 복음을 듣고 그 안에서 또한 믿어 약속의 성령으로 인치심을 받았으니 이는 우리 기업의 보증이 되사 그 얻으신 것을 속량하시고 그의 영광을 찬송하게 하려 하심이라"(엡 1:13-14)라고 기록하였다.

그러므로 이제 당신은 선택하여야 한다. 지금이 구원의 날이며 은혜의 날이기 때문이다. 이제 더 이상 망설일 시간이 없다. 주의 날이 처음 믿을 때보다 가까웠기 때문이다. 이를 위해 당신의 회개는 죄의 고백으로부터 출발해야 한다. 이는 은혜의 시작이며, 당신이 새사람이 되기 위한 조건 중의 하나이다. 회개와 죄의 고백이 없이는 한걸음도 나갈 수 없기 때문이다.

그다음 당신이 할 일은 당신이 지금까지 소중히 여기며 믿음 생활을 허비해 왔던 잘못된 세상 철학과 초등학문과 비성경적인 지식들을 당신의 사전에서 모두 지워버려야 한다. 그리고 이제 당신은 철저한 '성경적 자기대면'생활 속에서 하나님의 은혜를 훼방하는 요소들을 철저하게 제거해야 한다.

세상 것에 대하여는 이미 주께서 "곧 붙잡지도 말고 맛보지도 말고 만지지도 말라(골 2:21)"고 말씀하셨고, 다시 "새 사람을 입었으니 이는 자기를 창조하신 자의 형상을 좇아 지식에까지 새롭게 하심을 받는 자니라"(골 3:10)라고 선언하셨다.

이를 위하여 당신에게 진리의 말씀을 가르치고 의의 길을 제시할 영적 지도자가 필요하다. 그리고 그는 말씀과 성령의 인치심을 받은 그리스도의 증인이어야 한다.

바울은 "우리 강한 자가 마땅히 연약한 자의 약점을 담당하고 자기를 기쁘게 하지 아니할 것이라"(롬 15:1)라고 명하였고, 다시 "가르침을 받는 자는 말씀을 가르치는 자와 모든 좋은 것을 함께 하라"(갈 6:6)라고 권고하였다.

이러한 경건 생활들로 말미암아 당신의 영혼은 성경의 진리를 통하여 하나님의 말씀을 사랑하기 시작할 것이다. 그리하여 당신의 삶에서 "복음에는 하나님의 의가 나타나서 믿음으로 믿음에 이르게 하나니 기록된바 오직 의인은 믿음으로 말미암아 살리라 함과 같으니라"(롬 1:17)라고 하신 말씀이 역사하기 시작할 것이다.

그날에 당신은 성경에 기록하신 옛사람을 벗고 새사람을 입는 많은 말씀들이 당신의 삶을 만족하게 할 것이다. 더러운 것들이 떨어져 나가며, 온갖 술 취함으로부터 벗어나 성령의 충만함을 얻어 "시와 찬송과 신령한 노래들로 서로 화답하며 너희의 마음으로 주께 노래하며 찬송"(엡 5:19)할 것이다.

이제 당신은 날로 말씀 안에서 강건해져서 믿음의 뿌리를 내리며 능히 그 말씀을 삶에서 실천케 하여, 주님께서 성경을 통해 이미 말씀하신 "하나님의 말씀과 기도로 거룩하여짐이라"(딤전 4:5)라고 하신 말씀을 이루시고, "그 말씀이 여러분을 능히 든든히 세우사 거룩하게 하심을 입은 모든 자 가운데 기업이 있게 하시리라"(행

20:32)라고 말씀하신 것을 당신의 삶 속에 이루실 것이다.

"복음에는 하나님의 의가 나타나서 믿음으로 믿음에 이르게 하나니 기록된 바 오직 의인은 믿음으로 말미암아 살리라 함과 같으니라"(골 3:10)

에필로그

칠십을 향한 소망
사랑하는 아들들에게
요나의 기도
소 잃고 외양간 고치지 말았으면.

– 탈동성애의 불이 꺼지지 않기를 –

  대다수의 사람들은 동성애에 대한 진실을 잘 알지 못한다. 그저 동성애자들과 그들을 지지하는 진보적 인권운동가들의 일방적인 주장만을 접하고는 동성애가 선천적이고 치유될 수 없기에 그들을 존중하는 것이 옳은 것이라는 막연한 생각들을 한다. 나도 그러한 생각을 했던 사람 중에 하나였다. 43년 동안 동성애자로 살다 오직 믿음을 통해 동성애에서 탈출한 이요나 목사님의 증언은 내게 큰 충격이었다. 이요나 목사님을 통해 동성애가 성중독의 일종으로 결코 아름다운 사랑이 아니라는 진실들을 알게 되면서 나 역시 이요나 목사를 도와 탈동성애운동에 앞장서야겠다는 사명감을 갖게 되었다.

  나는 한국교회와 동성애 저지운동을 하는 기독단체들에게 자신의 부끄러움을 무릅쓰고 탈동성애운동에 앞장 선 이요나 목사에게 힘을 실어 주어야 한다고 외치고 싶다. 동성애자로 살아 온 43년의 세월도 억울한데, 우리의 아들 딸들인 크리스천 동성애자들을 구원하기 위해 전전긍긍하고 있는 이요나 목사의 사역을 외면한다면 그것은 복음의 길이 아니다.

  부디 이요나 목사의 사랑의 노래 〈리애마마〉를 통해 동성애에 빠진 사람들이 동성애로 부터 탈출하여 우리와 함께 거룩한 성도의 삶을 공유하게 되기를 희망한다. 또한 동성애 문제에 당면한 한국교회가 칠십을 바라보는 이요나 목사님이 탈동성애 운동을 충실히 할 수 있도록 기도와 후원을 아끼지 않았으면 좋겠다. 이요나 목사는 동성애를 저지할 하나님의 최종 병기이기가 될 것이기 때문이다.

김규호 목사 (선민네트워크 상임대표,
탈동성애인권포럼 공동대표, 동성애문제대책위원회 사무총장)

칠상을 향한 소망

"그들이 엘림에 이르니 거기에 물 샘 열둘과 종려나무 일흔 그루가 있는지라 거기서 그들이 그 물 곁에 장막을 치니라"(출 15:27)

얼마 전 청교도 신앙으로 시작한 기독교 대국 미국은 동성결혼 합법화가 대법원을 통하여 선포되었고 이제 대부분의 서방 국가는 동성결혼과 함께 동성애자들의 천국이 되었다. 이제 그 나라에서는 동성애를 반대하는 의로운 사람들이 구속을 당하며 인권유린을 행하는 혐오세력으로 몰리는 세상이 되었다. 그러나 우리가 염려해야 하는 것은 서방 국가의 문제가 아니다. 동성애 문제는 더 이상 남의 문제가 아니기 때문이다.

불과 얼마 전까지만 해도 동성애자들의 인권선언은 윤리와 도덕을 중시하던 한국사회에서는 어림도 없는 이야기였다. 서방 국가들이야 어떠하든지 간에 예의를 중시하던 우리나라 국민 정서 속에서 동성애는 금기였다. 이는 동성애자에 대한 인권유린이 아니라 윤리와 도덕적 가치에 대한 사회적 합의로서 동성애는 누가 뭐라고 해도 죄였기 때문이다.

그러나 오늘날 우리가 주목해야 할 것은 게이 서클의 선봉장 연세대학교의 'Come Together'를 비롯한 전국 각 대학교에 확장되고 있는 수많은 동성애 대학생 서클이다. 이는 어느새 우리의 아들들의 세대에서 동성애가 자리를 잡아가고 있었다는 증거이다.

어떤 사람들은 동성애 문제는 동성애자들 간의 사랑의 문제인데 뭘 그렇게 걱정을 하느냐 말하기도 하지만, 그것은 대학교 안에 윤락업소와 도박장을 개설하는 것과도 같다. 그래도 실감이 나지 않으면 내 아들이 동성애자와 잠을 자고 내 아들이 트랜스젠더와 결혼을 한다면 어떨까 생각해 보라. 결코, 남의 일이 아니다.

우리가 방심하고 있는 사이 동성연애 교육이 교과서에까지 기재되었고, 각 지자체의 시민 조례는 동성애 정책을 정당화하는 추세이며 문화관광부에서까지 동성애자들의 축제까지 지원금을 보조해 주는 시대가 되었다. 그럼에도 교회는 손을 써보지 못하고 쳐다보고 있는 형편이다. 이러한 세태 속에서 우리가 더욱 간과할 수 없는 것은 윤리와 도덕을 근간으로 하는 기독교를 비롯한 종교계에서도 동성애를 찬성하는 소리가 높아지고 있다는 것이다.

도덕과 윤리를 중히 여기던 나라에서 동성애 문제가 이처럼 급속히 두각을 나타내고 있다. 이것은 교회가 빛과 소금의 역할을 하지 못하고 잠들어 있는 사이 저들이 사회 각 분야에 포진되어 동성애 문화 확산과 성소수자라는 명분으로 동성애자들의 인권운동을 펼쳐 온 결과라고 할 수 있다. 그리고 이제 저들은 동성결혼을 합법화

하기 위한 정치적 로비를 통하여 사회적 합의를 요구하고 있다.

물론 오늘날 한국교회 역시 동성애 반대운동에 소리를 높이고 있지만, 이 또한 심히 우려스럽기만 하다. 교회가 동성애 문제를 근본적으로 치유할 성경적 대안을 갖지 못한 채, 동성애 반대운동에만 앞장선다면 이는 오히려 동성애 문제를 크게 이슈화시키는 결과가 되어 미국의 전철을 밟을 수도 있기 때문이다. 그렇다고 동성애 반대운동을 하지 말라는 것이 아니다. 우리가 해야 할 우선순위를 말하는 것이다.

교회는 용서와 사랑을 실천하기 위해 세우신 예수 그리스도의 지체이다. 인간의 모든 죄를 위하여 예수 그리스도께서 십자가를 지셨고, 그를 통하여 그를 믿는 모든 사람들은 의인의 반열에 올라 천국의 소망을 갖게 되었다. 그러므로 교회는 죄로 인해 상처받은 심령들에게 그리스도의 은혜의 복음을 전하고 진리의 빛 가운데 역사하는 성령의 능력을 통하여 거룩한 그리스도인의 삶의 길을 제시해야 한다.

나는 이미 70을 바라보고 있다. 아무리 오늘날 100세 시대라고들 하지만, 고희(古稀)가 가까워지면 사람은 세상 것에 큰 애착을 갖지 않는다. 이 나이에 내가 뭘 더 얻겠다고 아등바등할 일도 없다. 다만 살아갈 날이 점점 짧아짐을 느끼면서 이젠 주님을 만났을 때 숙제 검사를 받는 아이와 같은 마음을 갖게 된다.

만일 주님께서 네가 한세상 살면서 하나님을 위해 어떤 일을 해왔느냐고 물으실 때 내 입술에서 답변이 궁색해져선 안 될 것이다. 그날이 오면 떳떳이 주님의 얼굴을 대면하여 "주님! 나는 죽어 마땅한 죄인이었지만, 주의 은혜를 입어 동성애자들의 영혼을 위해 일했습니다."라고 답변할 것이다.

그러므로 나는 오늘도 내게 맡겨진 일들을 위해 발걸음을 내디딘다. 자신의 사명을 위해 그 어떤 고난이라도 마다치 않았던 주님과 바울을 비롯한 수많은 믿음의 선배들의 발자취를 조심스레 따라갈 뿐이다.

다시 한 번 간곡히 이 책을 읽는 독자 중에서 단 한 영혼이라도 주님께로 돌아와 구원을 얻게 되기를 소망한다. 또한, 선악과 앞에서 아담이 죄에 빠진 것처럼 동성애의 매력에 빠졌든가 미혹된 가르침에 이끌려 감히 용서받지 못한 죄를 지었다 해도 부디 예수 그리스도의 이름 앞에 나아와 죽을 결심으로 동성애의 사슬을 끊어내기를 기도한다.

지금까지 부끄러운 내 삶의 발자취를 관심 있게 읽어준 모든 독자 분들에게 진심으로 감사드리며, 내 생애의 전부가 되신 예수그리스도께 감사와 영광을 드리며 리애마마의 고백을 마친다.

사랑하는 아들들에게

"기록된 바 잉태하지 못한 자여 즐거워하라 산고를 모르는 자여 소리 질러 외치라 이는 홀로 사는 자의 자녀가 남편 있는 자의 자녀보다 많음이라 하였으니"(갈 4:27)

나이가 들면서 갈수록 가슴에 눈물이 많아진다. 폐지를 주우며 힘겹게 살아가는 노인을 보아도 멍하니 서게 되고, 티브이에 비치는 노모들의 주름은 눈을 짓무르게 한다. 이제 나도 많이 늙었는가 보다.

내 인생이 어찌어찌 하다가 여기까지 왔는지, 이제는 내 삶이 행복한 것인지, 고달픈 것인지 그런 것을 따질 여유도 없다. 그렇다고 인생을 다시 설정할 시간도 남아 있지 않다. 지금까지 세월에 떠밀려온 인생을 살 수밖에 없다.

인생을 다시 시작하고 싶지 않은 사람은 없을 것이다. 또한, 자신의 일기장을 소설처럼 다시 쓸 수 있다면 사람마다 머리를 싸맬 것이다. 그러나 인생은 죄의 화살이다. 화살은 이미 머리 위로 지나갔고, 그 화살은 사람이 주울 수 없는 거리를 달려가고 있다.

그래도 내가 감사할 일은 나를 창조하신 그가 내 영혼을 권고하고 있었다는 것이다. 그분이 내 인생의 시작부터 내 호흡을 세어가며, 말처럼 달리던 내 인생을 한발씩 세고 계셨다는 것이다.

그러나 여기서 나는 내 인생을 말하려는 것이 아니다. 내 인생은 이미 지나간 과거이며 이제 곧 시들어 버릴 풀잎이다. 그러함에도 내 가슴에 쌓아둔 말이 너무 많다. 지나온 날들이 허망하여 그러하고, 내가 지켜봐야 할 인생들이 아파서 그러하고, 영생의 비밀을 깨달아야 할 아들들이 애처로워서 그러하다.

가슴에 뭉쳐 둔 말들을 쏟아내면 강을 이룰 것 같고, 풀어 놓으면 지구를 감을 것 같은 실타래를 품고도 해산의 날에 자식을 얻지 못하면 어쩌나 하는 두려움이 있다. 그러므로 내가 바라는 것은 오직 단 하나이다. 오직 말씀대로 낳은 한 아들을 얻는 것이다. 그 아들이면 경건의 손이 도우시는 날에 나도 감당하지 못한 진노의 아들들을 감당할 것이다.

그날에 나는 추수하는 자의 노래를 들을 것이며 신부를 취하는 신랑의 기쁨을 맛볼 것이다. "기록된 바 잉태하지 못한 자여 즐거워하라 산고를 모르는 자여 소리 질러 외치라 이는 홀로 사는 자의 자녀가 남편 있는 자의 자녀보다 많음이라 하였으니"(갈 4:27) 너희가 모두 언약의 자식이 될 것이다.

아들들아, 보라. 주께서;

"날은 날에게 말하고 밤은 밤에게 지식을 전하니 언어가 없고 들리는 소리도 없으나 그 소리가 온 땅에 통하고 그 말씀이 세계 끝까지 이르도다"(시 19:2-4) 하셨도다.

그러므로 아들아;

너희는 두려워 말며
흔들리지도 말며
고통을 말하지도 말며

너희는 오히려 나의 노래를 말하라;

내 영혼이 전심으로 너희를 말할 것이며
내 호흡이 전심으로 그리스도를 말할 것이다

요나의 기도

"요나가 성읍에서 나가서 그 성읍 동쪽에 앉아 거기서 자기를 위하여 초막을 짓고 그 성읍에 무슨 일이 일어나는가를 보려고 그 그늘 아래에 앉았더라"
(욘 4:5)

영존하시는 하나님! 주의 인자와 긍휼하신 은혜와 영광과 그 아들을 사랑하신 사랑이 성경의 진리를 따르는 모든 자들과 거룩하신 성령의 약속을 보증 받은 모든 심령들과 세세토록 함께하시기를 기원합니다.

사랑하는 하나님 아버지! 창세 전에 예정하신 은혜로 말미암아 패역한 죄인을 사망 가운데서 구속하시고 야곱의 길과 바울의 은총을 더하여 주의 거룩한 종으로 헌신케 하셨으니, 이제 나의 남은 호흡으로 주의 영광이 되게 하소서.

일찍이 주께서 죄인을 위하여 구원의 길을 여셨으니 의인 된 삶으로 주의 은혜를 나타내었어야 하오나 종이 미흡하여 오히려 주의 이름을 욕되게 하였나이다. 주께서 지으신 밥을 먹으며 주께서 입히신 옷으로 추위를 부지하며 살아온 모든 시간들이 오히려 주께 짐이 되었습니다. 그러함에도 긍휼하신 주의 거룩하신 이름을 의지하여 남은 호흡의 날들을 위하여 기도하오니 부디 거절치 마옵소서.

일찍이 주께서 멸망의 도시 소돔을 향하여 이르시기를 의인 열이 있으면 그 의인으로 말미암아 멸하지 않겠다고 약속하셨나이다. 주는 사람이 아니오니 식언치 아니하시고 대대로 말씀하신 언약들을 지키셨고 또 지키실 것이오니 종이 마지막 남은 힘을 다하여 주께 다시 한 번 다짐하였습니다. 부디 이 종이 거하는 나라를 지켜 주시옵소서.

일찍이 주께서 이스라엘을 택하시고 또 그들의 패역함으로 그들을 버리셨으나 주의 택하심과 사랑은 영원하시므로 그들이 살아 돌아올 날을 다시 정하셨고 또 거룩한 아들의 이름을 위하여 죽이기로 작정한 이방들을 구속하시고 아브라함의 믿음을 본받게 하셨으니 이는 이방으로 그리스도의 빛을 따르게 하신 은혜로소이다.

그러나 주의 피로 세우신 교회들이 진리의 말씀을 외면하고 세상을 사랑하여 스스로 패역함의 길로 나아가 거룩한 종 사도 바울이 십자가를 진 거리들도 벌써 멸망의 도시가 되었사오며 종말을 위해 남겨둔 사자 새끼도 다른 육체들을 따라갔나이다.

주께서 선지자로 하여 "그 중에 십분의 일이 오히려 남아 있을지라도 이것도 삼키운 바 될 것이나 밤나무, 상수리나무가 베임을 당하여도 그 그루터기는 남아 있는 것같이 거룩한 씨가 이 땅의 그루터기니라"(사 6:13)라고 말씀하셨으니 지금이 그때로소이다.

그러하오나 이제 내가 더욱 간절히 주께 간구하는 것은 육체를 따라 더럽혀진 옷이라도 싫어하여 주의 긍휼하신 자비와 은혜를 간청하는 고통의 자녀들을 위함입니다. 그들이 비록 죽이기로 작정된 아들들일지라도 패역한 종을 구속하신 사랑과 긍휼로써 그들을 구속하여 주시옵소서. 주의 거룩하신 이름을 위하여 이 종말의 날에 그들을 내 입술에 두셨으니 내게 주신 자들을 하나도 잃지 않게 하소서.

영광의 주여, 이 종말의 날에 나를 위해 비는 것은 오직 내가 이 일을 위해 부르심을 입었으면 내가 행하는 모든 길에서 하늘의 지혜를 주시고 그리스도의 긍휼하신 사랑과 인내로써 하나님 아버지의 뜻을 이루게 하소서.

그리하여 "평강의 하나님이 친히 너희로 온전히 거룩하게 하시고 또 너희 온 영과 혼과 몸이 우리 주 예수 그리스도 강림하실 때에 흠 없게 보전되기를 원하노라"(살전 5:23)라고 하신 주의 말씀을 이루어 주소서!

주는 영영히 살아계신 창조자이시며 거룩하심을 입은 모든 중생들의 왕이 되시나이다. 그 이름 위에 영광과 찬송과 감사가 세세토록 하실 것입니다. 거룩하신 구속의 주 예수 그리스도의 이름으로 기도합니다. 아멘!

소 잃고 외양간 고치지 말았으면..

　이요나 목사의 동생으로 함께 자라며 동성애 문제로 남몰래 고민하는 형을 이해할 수 없었다. 청년시절부터 방황하며 가출도 하고 자살을 시도하는 것을 보고 얼마나 괴로우면 저럴까 싶었다. 형님이 동성애자라는 것을 아신 어머니께서는 형의 저주를 풀기 위해 스스로 목숨을 거두시며 형을 원망하지 말고 순종하라는 유언을 남기셨다. 그 후 형님은 커밍아웃하여 열애클럽으로 성공했으나 어느 날 모든 것을 다 포기하고 일본에 들어가 45살에 목사가 되어 돌아 왔다. 나는 그러한 형님의 신앙과 삶의 태도를 이해할 수 없었지만 형은 묵묵히 21년간 탈동성애운동에 앞장 서 왔다.

　형님은 67세의 노인이다. 누군가의 도움이 필요한 나이다. 홀로 고적한 인생을 살며 동성애자들 한 사람이라도 구원하고자 전전긍긍하는 형을 보고 있자니 내가 더 안타깝다. 부디 한국교회가 탈동성애 운동에 불을 지펴 주시기를 권하고 싶다. 이것이 우리 교회의 역할이며, 동성애자들의 전도와 회복만이 동성애 문제를 해결할 유일한 해법이라고 생각하기 때문이다. 한국교회가 미국처럼 소 잃고 외양간 고치는 격이 되지 말았으면 한다.

　　　　　이희찬 장로 (서울갈보리채플, 탈동성애운동 가족연대 대표)

에필로그

– 가족사진 / 학창시절 –

누나 약혼식 (중앙 아버지, 어머니, 오른쪽 학생)

4째 형님 전통 결혼식 마치고

고등학교 졸업 기념사진

고등학교 졸업여행

– 연극대학 / 의상실 시절 –

- 육군 하사관 시절 -

― 갈보리채플 목사 안수 & 파송식 ―

— 척 스미스 목사 초청 세미나 —

– 성경적 상담 자기대면 세미나 –

- 서울 갈보리채플 개척 -

– 홀리라이프 사역 –

- 탈동성애 인권포럼 -

– TV 토론회 / 세미나 –

리愛마마
동 성 애 탈 출

초판 1쇄	2015년 9월 15일
지은이	이요나
펴낸이	손영선
펴낸곳	(주)키네마인
디자인	방윤정
주소	서울 마포구 성산로 2길 15, 603호
등록	2008년 11월 20일 제 2012~000285 호

ISBN 978-89-94741-13-0

값 13,500원

구매 홈페이지 www.calvarychapel.kr
구입문의 (070) 7565-3535

잘못 만들어진 책은 교환해 드립니다.
본 저작물은 저작권법에 의하여 보호를 받는 저작물이므로 무단 전제와 무단 복제를 금합니다.